数字化赋能城乡融合发展研究

——以内蒙古为例

王薇 著

远方出版社
·呼和浩特·

图书在版编目（CIP）数据

数字化赋能城乡融合发展研究 : 以内蒙古为例 / 王薇著. -- 呼和浩特 : 远方出版社, 2025. 6.（2025.11重印）-- ISBN 978-7-5555-2190-7

Ⅰ. F299.272.6

中国国家版本馆CIP数据核字第2025Z0Q254号

数字化赋能城乡融合发展研究——以内蒙古为例

SHUZI HUA FUNENG CHENGXIANG RONGHE FAZHAN YANJIU
YI NEIMENGGU WEI LI

著　　者	王　薇
责任编辑	蔺　洁
版式设计	王改英
出版发行	远方出版社
社　　址	呼和浩特市乌兰察布东路 666 号　邮编 010010
电　　话	（0471）2236473 总编室　2236460 发行部
经　　销	新华书店
印　　刷	呼和浩特市圣堂彩印有限责任公司
开　　本	787 毫米 ×1092 毫米　1/16
字　　数	160 千
印　　张	11.75
版　　次	2025 年 6 月第 1 版
印　　次	2025 年 11 月第 2 次印刷
标准书号	ISBN 978-7-5555-2190-7
定　　价	88.00 元

前　言

党的二十大报告中明确指出要“坚持农业农村优先发展，坚持城乡融合发展，畅通城乡要素流动”，这一战略部署为解决城乡二元结构问题、促进区域协调发展提供了重要指引。与此同时，数字化浪潮正席卷全球，为经济社会发展注入全新动能。数字技术、数字经济、数字社会的蓬勃发展为城乡融合发展提供了前所未有的新机遇、新动能和新活力。内蒙古作为我国北方重要生态安全屏障与国家重要农畜产品生产基地，具有独特的地理位置、资源禀赋及文化特色。然而，受区位条件、资源分布不均、基础设施薄弱等客观因素制约，内蒙古长期面临城乡发展不协调、不平衡的挑战。城乡之间在公共服务、基础设施、收入水平、产业结构等方面存在显著差距，城乡二元结构问题依然突出。

内蒙古自治区高度重视数字化发展，将其作为推动全区经济社会高质量发展的重要战略引擎。据统计，2022年内蒙古数字经济规模达到5574亿元，占地区GDP的24.1%，呈现出蓬勃发展势头。在“数字内蒙古”建设框架下，数字基础设施日益完善，数字产业化和产业数字化进程加速推进，数字化赋能传统产业转型升级的效应逐步显现。在此背景下，深入探究数字化如何助推内蒙古实现城乡融合发展具有重要的理论和现实意义。本书聚焦以下关键问题：数字化能否突破地理限制，有效促进内蒙古城乡要素流动与资源优化配置；在城乡融合进程中，数字化如何打破现有的交通条件、信息不对称等现实制约；数字化驱动城乡融合发展的内在机制和作用路径是什么；在不同区域发展阶段，应优先选择何种数字化赋能路径以促进城乡融合。以上问题的探讨不仅有助于丰富学术界对数字时代城乡融合发展理论的认识，而且可以为内蒙古及类似地区制定数字化驱动城乡融合发展的政策提供科学依据。伴随“数字中国”建设加快推进，深入研究数字化赋能内蒙古城乡融合发展的机制与路径，对于促进区域协调发展、实现共同富裕、现代化发展、高质量发展、可持续发展具有重要的战略意义。

本书将通过理论分析与实证检验相结合的方法，构建数字化驱动城乡融合发展的理论框架，科学评测内蒙古城乡融合水平及数字化发展水平，深入探讨数字化对内蒙古城乡融合的影响效应，并结合案例分析，进而提出有针对性的政策建议，为内蒙古在数字时代实现城乡融合发展提供决策参考。

绪论作为全书的总纲，旨在明确研究定位、研究逻辑以及核心内容框架。首先，从研究背景与现实意义出发，系统阐述当前数字化对推动内蒙古城乡融合发展的重要价值与迫切需求，分析城乡融合进程中存在的突出问题和瓶颈，说明开展内蒙古城乡融合发展与数字化水平系统评价、时空特征演变分析、作用机制探讨与典型案例分析的现实必要性与紧迫性。其次，通过梳理国内外在数字化发展与城乡融合领域的研究成果，总结当前的研究前沿、热点及不足之处，以此明确本书的研究切入点，避免低水平重复，深化理论与方法基础。最后，在研究背景与文献回顾的基础上，明确本书采用的研究方法和研究框架，以便更好地指导和规范后续章节的研究工作。综上所述，本章全面系统地回应了“为什么研究”“如何开展研究”以及“研究什么”等关键问题，为全书提供了总体的研究视野和结构性安排。

数字化赋能城乡融合发展的相关理论围绕城乡融合发展与数字化赋能理论展开阐述，旨在为后续的实证研究奠定扎实的理论基础。首先，系统梳理与城乡融合发展和数字化相关的基本概念，追溯我国城乡融合发展与数字化发展的历史脉络，深入阐明城乡融合与数字化发展的内涵与外延。其次，基于经济学与城乡融合相关理论基础，尤其聚焦金融包容性增长理论、金融排斥理论、二元经济结构理论、马克思主义城乡关系理论、城乡融合发展理论、新经济地理学理论、数字经济价值理论以及信息经济理论，明确适用于内蒙古实际的城乡融合与数字化水平评价标准，为研究的理论视角提供明确支撑。

内蒙古城乡融合发展的时空分析在理论分析的基础上，对内蒙古城乡融合发展水平的评价与时空分析。研究内容主要包括两个方面：第一，依据上面章节提出的理论框架与概念分析，构建包含经济融合、空间融合、人口融合、生态融合、社会融合五个维度的城乡融合发展指标评价体系，并详细说明数据的来源与处理方法；第二，选择熵权—TOPSIS综合评价模型，测算并分析2010—2022年内蒙古城乡融合发展水平的整体变化趋势及不同子系统的变化特征，运用ArcGIS直观地呈现内蒙古草原畜牧业高质量发展的空间变化情况。随后，进一步借助莫兰指数揭示内蒙古城乡融合发展的空间自相关性及空间聚集特征，以更深刻地揭示城乡融合发展的区域差异性与空间规律，为下一步影响机理分析及政策制定提供精准依据。

内蒙古数字化发展的定量评价延续上述研究逻辑，进一步聚焦内蒙古数字化发展的空间分布及变化趋势分析。研究同样分为两个阶段：首先，基于前述理论分析，建立包含数字基础设施建设、流通数字化的内蒙古数字化发展指标评价体系；其次，继续运用熵权—TOPSIS模型，对2010—2022年内蒙古数字化发展状况进行综合测度，并利用ArcGIS呈现内蒙古地区数字化发展的空间格局。最后，进一步运用莫兰指数深入分析内蒙古数字化发展的空间相关性和聚集特征，精准定位区域数字化发展的优势区域与薄弱环节，为后续数字化促进城乡融合发展的影响机理研究提供基础数据支撑与理论引导。

数字化赋能内蒙古城乡融合发展的实证研究，在理论及测算的基础上，深入探讨数字化推动城乡融合发展的作用机理及现实路径。首先，明确数字化推动城乡融合发展的理论机制，并据此提出明确的研究假设。其次，借助计量经济学的中介效应分析方法，选取农业机械化水平作为关键的中介变量，深入检验数字化发展对城乡融合发展的作用路径及影响效应，辅以异质性检验，进一步揭示地区差异性规律。为确保结论的稳健性与可信性，增加稳健性检验环节，运用补充变量法对研究结论的稳定性与可靠性进行系统验证，为政策建议的提出提供坚实的实证基础与科学依据。

数字化赋能城乡融合发展的典型案例与经验启示，聚焦数字化赋能城乡融合发展的国际与国内典型案例研究，力求为内蒙古城乡融合发展提供现实可操作的经验启示。选取美国、德国、法国、日本，还有我国浙江、重庆、福建、江苏、四川等省市的典型实践案例，从政策制定、实施机制、技术应用和利益协调等多个维度进行深入分析与比较研究，系统提炼并总结各地在数字化促进城乡融合方面的典型经验与实践创新，为内蒙古及其他类似地区提供有益借鉴与参考。

数字化赋能内蒙古城乡融合发展的对策建议，结合理论分析、时空评价、实证检验与典型案例经验，系统提出促进内蒙古数字化赋能城乡融合发展的针对性对策建议。依据前述研究成果，结合内蒙古城乡融合与数字化发展的现实需求、乡村振兴战略实施背景，围绕技术支撑、政策保障、机制创新、基础设施建设及能力建设等方面提出多元化、精准化的对策措施。目的在于为决策部门提供科学的政策参考，推动数字化更有效地赋能内蒙古城乡融合，实现城乡协调发展、共同繁荣和人民共同富裕的发展目标，并为其他地区的城乡融合实践提供有益的经验。

目　录

第一章　绪　论

一、研究背景

随着中国迈入新发展阶段，党的二十大报告中明确指出要“坚持农业农村优先发展，坚持城乡融合发展，畅通城乡要素流动”，这一战略部署为解决城乡二元结构问题、促进区域协调发展提供了重要指引。与此同时，数字化浪潮正席卷全球，为经济社会发展注入新动能。数字技术、数字经济、数字社会的蓬勃发展为城乡融合发展提供了前所未有的新机遇、新动能和新活力。内蒙古作为我国北方重要生态安全屏障和国家重要农畜产品生产基地，具有独特的地理位置、资源禀赋及文化特色。然而，受区位条件、资源分布不均、基础设施薄弱等客观因素制约，内蒙古长期面临城乡发展不协调、不平衡的问题。城乡之间在公共服务、基础设施、收入水平、产业结构等方面存在显著差距，城乡二元结构问题依然突出。但是，内蒙古自治区高度重视数字化发展，将其作为推动全区经济社会高质量发展的重要战略引擎。据统计，2022年内蒙古数字经济规模达到5574亿元，占地区GDP的24.1%，呈现出蓬勃发展的势头。在“数字内蒙古”建设框架下，数字基础设施日益完善，数字产业化和产业数字化进程加速推进，数字化赋能传统产业转型升级的效应逐步显现。在此背景下，深入探究数字化如何助推内蒙古实现城乡融合发展具有重要的理论和现实意义。本书聚焦以下关键问题：数字化能否突破地理限制，有效促进内蒙古城乡要素流动与资源优化配置；在城乡融合进程中，数字化如何打破现有的交通条件、信息不对称等现实制约；数字化驱动城乡融合发展的内在机制和作用路径是什么；在不同区域发展阶段，应优先选择何种数字化赋能路径以促进城乡融合。以上问题的探讨不仅有助于丰富学术界对数字时代城乡融合发展理论的认识，也将为内蒙古乃至类似欠发达地区制定数字化驱动城乡融合发展的政策提供科学依据。伴随“数字中国”建设加快推进，深入研究数字化赋能内蒙古城乡融合发展的机制与路径，对于促进区域协调发展、实现共同富裕、现代化发展、高质量发展、可持续发展具有重要的战略意义。

以下将通过理论分析与实证检验相结合的方法，构建数字化驱动城乡融合发展的理论框架，科学评估内蒙古城乡融合水平及数字化发展水平，深入探讨数字化对内蒙古城乡融合的影响效应，并结合案例分析，提出针对性的政策建议，为内蒙古在数字时代实现城乡融合发展提供决策参考。

二、数字化与城乡融合的研究动态

从统筹城乡经济社会发展，到城乡一体化，再到城乡融合发展，这是新时代对城乡关系作出的与时俱进的战略安排。目前，学术界对数字化影响城乡关系进行了一定程度的关注，由于数字化具有融合创新的特质，能够从技术性和经济性上驱使城乡要素流通和分工深化。因此，探究数字化和城乡融合之间是否存在必然联系、存在什么样的关系、数字化如何驱动城乡融合以及其路径等问题日益受到学术界关注。

（一）关于数字化与城乡关系的研究进展

1.数字化测度和核算问题研究

目前，有一些关于数字化的文献从单一维度对数字经济规模进行测量，还有一些关于数字化的文献从多维度构建指标体系。从产业层面来说，中国信息通信研究院（2017年）从数字产业化和产业数字化两个方面来测度数字化的发展水平。腾讯研究院（2019年）从数字中国、数字产业、数字文化和数字政务四个方面来测度中国的数字化发展水平。从消费层面来看，从企业层面来说，张鹏等（2022年）从管理模式现代化、产品全生命周期流程数字化、数字产品丰富化和企业组织架构扁平化四个方面构建装备制造企业数字化转型指标体系。

2.数字化对城乡关系的影响

首先，从城乡增长视角来分析，牟天琦等（2021年）采用中国家庭追踪调查（CFPS）的调查数据分析，认为数字技术显著提升了居民收入水平，实现了城乡包容性增长。张东晴等（2022年）认为长江经济带数字普惠金融对城乡协调发展产生了显著的正向影响和空间溢出效应。

其次，从城乡差距视角来分析，宋晓玲（2017年）认为在互联网、数字化背景下，提高普惠金融发展水平能够缩小城乡收入差距，能够带来“数字红利”。陈文等（2021年）认为数字经济发展与城乡居民收入差距之间存在“U”形关系，即数字经济发展初期会缩小城乡收入差距，但数字经济的进一步发展会拉大城乡收入差距，产生数字鸿沟问题。李晓钟等（2022年）认为数字经济发展水平对城乡收入差距的影响呈先扩大后缩小的“倒U形”态势，并存在门槛效应。人均收入水平越高、研发强度越大，数字经济对城乡收入差距缩小的作用越明显。

最后，从城乡融合视角来分析，一些学者研究了数字经济背景下财政政策支持城乡融合发展的取向问题、数字技术和数字经济助推城乡融合发展的理论逻辑与实现路径等问题。但是以上研究缺乏从整体视角阐释数字化对城乡融合发展的机制、效应和路径的成果。

（二）关于城乡融合发展的研究进展

城乡融合发展是一个多层次、多领域、全方位的复杂综合动态概念，国外城乡融合发展评价研究总体较少，且评价方法以定性为主，通常以城乡产业发展、城乡治理网络、城乡公共服务等单一视角切入，国内城乡融合发展评价主要是针对城乡整体发展的综合评价，主要包括城乡融合发展评价与测度、城乡融合发展的驱动机制研究以及空间效应研究等内容。

1.城乡融合发展指标的测度

曾雯等（2018年）基于乡村振兴视角构建了以城乡空间、经济、社会以及城乡主体功能为准则层的县域尺度城乡融合发展水平评价指标体系。高波等（2019年）从城乡空间结构、城乡经济结构、城乡基础设施、城乡公共服务和城乡生态环境等5个维度33项指标构建了城乡融合发展指标体系。

2.城乡融合发展的驱动机制

Tacoli（2003年）从国家层面和地方层面论述宏观经济政策及地理区位、人口特征、交通运输等多维因素对城乡关系演进的影响。车冰清等（2017年）从城乡土地利用变化的角度出发，认为社会经济水平的提高、乡镇企业的发展、交通设施的完善、开发区和城市新区的建设是推动江苏省城乡融合发展的主要驱动力。马志飞等（2022年）运用地理探测器模型分析长三角地区城乡融合发展水平的主要影响因素及其演变特征，认为经济发展水平、产业结构高级化、财政支农支出等是助推城乡融合发展的主要驱动力。

3.城乡融合发展的空间效应

谢守红等（2020年）运用探索性空间数据分析（ESDA），揭示了长江三角洲市域城乡融合发展的空间集聚性特征，但无法全面刻画其在“时间—空间”二维尺度上的演化特征。张新林等（2020年）借助探索性时空数据分析（ESTDA）框架，综合运用LISA时间路径、LSIA时空跃迁等方法开展淮海经济区城乡融合发展水平时空动态性特征研究，丰富了时空视角的城乡融合演化研究范式。

纵观已有研究成果，目前学术界在数字化、城乡融合以及数字化影响城乡关系等方面的研究取得了丰富的成果，关注到了数字化背景下城乡关系转型的重要性、迫切性和艰巨性等问题，得出了一些颇有启发性的结论和观点，为本书的研究提供了理论支撑。但是，目前的研究对数字化助推城乡融合的研究关注度不足，尚未充分理解数字时代背景下城乡融合发展的新机会与新挑战，忽略了城乡融合过程中影响因素复杂多变、信息不完整和随机性等问题，致使其评价结果不够客观。本书基于内蒙古市域和县域数据，着重探讨以下内容：一是利用ArcGIS方法，揭示数字化水平与城乡融合发展的空间分布格局和时序变化特征；二是在构建数字化助推城乡融合发展理论框架的基础上，借助地理探测器、逐步回归模型和空间计量模型，实证检验数字化对城乡融合的驱动机制和空间效应；三是根据内蒙古不同县域的发展目标，探索最优的数字化背景下实现城乡融合目标的作用路径。

（三）研究意义

1.课题研究的学术价值

城乡融合发展作为区域协调发展的重要议题，在学术界受到了广泛关注。然而，现有研究主要集中于城乡二元结构的消解、产业转移、基础设施建设等传统领域，对数字化如何重塑城乡关系、优化资源配置、促进要素流动的研究仍较为有限。本研究立足于数字经济背景，构建“数字化—农业机械化—城乡融合”的作用机制模型，从农业生产方式改变的角度探讨数字化对城乡融合的影响，为相关领域的理论研究提供新的视角。在科技创新与城乡融合研究框架的完善方面，本研究进一步揭示数字技术如何通过提升农业机械化水平，间接影响城乡融合的机制。农业作为城乡联系的纽带，其生产方式的转型对城乡要素流动、产业协同、经济一体化具有深远影响。通过引入农业机械化这一中介变量，拓展数字化如何影响城乡融合的研究范式，深化学术界对城乡关系演变路径的认识。在数字经济影响城乡融合发展的研究进展方面，本书丰富了数字经济促进城乡一体化的理论探索。在实证研究和数据支持方面，本研究以内蒙古为研究对象，结合定量分析和案例研究的方法，探索数字化在提升城乡融合发展方面的具体效应。研究成果不仅有助于深化学界对数字化助推城乡融合路径的理解，也为其他地区提供可借鉴的经验，为未来的相关研究提供数据支持和理论延展空间。

2.课题研究的应用价值

城乡融合发展是国家经济社会发展的重要目标，也是实现共同富裕、推进现代化进程的关键路径。在数字经济时代，数字技术的广泛应用正在重塑城乡经济结构、优化社会资源配置、促进城乡产业协同，为城乡融合发展提供新动能。本书围绕数字化如何助推城乡融合展开分析，重点探讨其作用机制与发展路径，以期为政策制定和实践应用提供科学依据。在政府政策制定方面，本书能够为地方政府优化城乡融合政策提供理论支撑。通过分析数字化如何提升农业现代化水平、优化城乡要素流动、增强城乡经济协同发展能力，研究结论可为政府推进城乡一体化、完善公共服务均等化政策提供决策参考。在农业和农村发展领域，本书的结论对于推动农业数字化转型具有重要价值。农业机械化水平的提升是农业现代化的重要环节，而数字技术的应用能够显著优化农业生产方式，提高全要素生产率。研究结果能够为地方政府制定农业农村数字化发展规划、推动智慧农业建设提供实践指导，并为提高农业生产效率、优化农业资源配置提供数据支持。在企业和市场主体发展方面，本书为农业企业、科技公司、金融机构等相关行业提供市场分析依据。数字经济的发展正在重塑农业产业链、供应链和价值链。同时，农村市场的数字化消费需求也在持续增长。研究成果揭示了数字化如何影响城乡融合的路径和机制，能够帮助市场主体把握发展机遇，优化资源配置，提升服务能力，为城乡融合发展提供市场化支持。

（四）研究方法

1.文献查阅法

本研究采用文献查阅法，综合利用知网等相关平台，搜索并查阅与城乡融合发展、数字化等评价相关的期刊、书籍和论文等。同时，本研究查阅了中央一号文件、农牧厅文件以及《内蒙古自治区国民经济和社会发展第十四个五年规划和2035年远景目标纲要》《内蒙古自治区“十四五”规划高质量经济发展规划》《内蒙古自治区“十四五”规划推进农牧业农村牧区现代化发展规划》等相关政策和资料。在文献查阅的过程中，笔者深入了解国内外学者对城乡融合及数字化发展的理论意义和现实意义的研究成果，对发展路径、评价方法、影响因素等方面的相关文献进行了归纳和分析。通过综合阅读和梳理，确定了研究的内容、技术路线和研究思路，并确保了研究的可靠性和实用性。

2.实证分析法

（1）熵权TOPSIS法

本研究运用熵权TOPSIS法对内蒙古数字化及城乡融合水平进行综合发展水平实证分析，考虑时间和地理空间两个维度，综合评估其各子系统。

（2）莫兰指数

本研究利用全局莫兰指数分析内蒙古城乡融合及数字化发展的整体空间自相关性。同时运用局部莫兰指数研究各牧业旗草原畜牧业高质量发展的空间异质性，以更准确地揭示内蒙古城乡融合及数字化的空间分布模式。

（3）回归模型

本研究采用回归模型，深入研究内蒙古数字化发展对城乡融合水平的影响因素。

3.比较分析法

本研究采用了多个可靠的数据源进行比较分析，以获取与内蒙古城乡融合及数字化发展的时空演变和影响因素相关的数据。笔者详细查阅了《内蒙古统计年鉴》《中国城市统计年鉴》《中国林业和草原统计年鉴》等资料。此外，还参考了盟市国民经济和社会发展公报、内蒙古自治区农牧厅提供的数据、布瑞克农业数据智能终端信息、企查查、中国科学院地理科学与资源研究所提供的数据等。这些数据为本研究的指标选择、模型构建和实证分析提供了坚实的基础。

第二章　数字化赋能城乡融合发展的相关理论

一、概念界定

（一）城乡融合

1.城乡融合发展历程

我国城乡融合发展历程是伴随着国家整体经济社会变革、体制改革与政策调整而逐步演进的动态过程，其内涵涵盖从原有城乡二元分割体制向城乡协调、互补与深度融合的转变。特别是在党的十八大以来，我国城乡融合进程不断加快，城乡融合概念持续深化。

从中华人民共和国成立到改革开放前，城乡二元结构逐渐形成，并对国家发展产生深远影响。尤其在1950—1978年，国家采取优先发展重工业的战略，使城乡之间在资源配置、社会保障等方面形成明显差距。户籍制度、农业集体化及计划经济体制的实施，使得城乡二元结构在长时间内得以固化，农业对城市的供养作用不断加强，而农村经济活力则受到制约。然而，随着改革开放的推进，城乡二元结构逐渐得到调整。1978年后，尤其是进入20世纪90年代后期，农业市场化改革和价格体制改革逐步开展，劳动力市场逐渐放开。尽管城乡福利体系差距依然存在，但农民收入显著提高，生产自主权显著增强，城乡收入差距有所缩小。此阶段的改革为后续的城乡一体化奠定了基础。

党的十八大以来，我国迈入城乡全面融合发展阶段。这一发展阶段，是在我国经济进入新常态，工业化和城镇化不断迈向成熟的背景下展开的。面对工业化和城镇化不断推进带来的新挑战，我国在制度上实现从户籍制度、公共资源配置到土地市场统一的历史性突破，同时通过促进城乡要素双向流动和资源均衡配置，为新时代实现农业农村现代化、构建新型工农城乡关系提供坚实的制度保障和发展动力。

这一阶段的成功实践，不仅为我国进一步推进城乡一体化发展奠定了基础，也为全球其他发展中国家处理城乡关系、推动现代化进程提供了宝贵经验。随着中国特色社会主义进入新时代，我国城乡关系进入了互补与全面融合的新阶段。这一阶段既是对过去城乡二元体制改革成效的延续和深化，也是我国推进现代化进程中实现农业农村农民现代化的重要战略举措。

习近平总书记多次强调，推进城乡发展一体化，是工业化、城镇化、农业现代化发展到一定阶段的必然要求，是国家现代化的重要标志。因此，加快建立健全城乡融合发展体制机制和政策体系成为党中央的重大战略部署。在政策推动下，户籍制度迎来历史性变革。自2014年国务院印发《关于进一步推进户籍制度改革的意见》以来，各地纷纷出台改革方案，逐步取消农业户口和非农业户口的性质区分，建立了城乡统一的户口登记制度。到2018年，全国所有省（区、市）均实现户籍统一。同时，针对农业转移人口的落户限制不断放宽，300万人以下人口规模的城市普遍取消落户限制，使得有意愿的农业转移人口能够在大多数超大、特大城市以外地区自由落户。这一变革为城乡人口双向流动创造了良好的制度环境。

与此同时，政府在城乡公共资源配置方面大力推进一体化建设。2014年出台的《关于建立统一的城乡居民基本养老保险制度的意见》奠定了全国统一的基本养老保险制度基础。2015年，《关于进一步完善城乡义务教育经费保障机制的通知》促使城乡义务教育经费保障机制总体建立，并重点向农村倾斜；2016年，国务院发布《关于整合城乡居民基本医疗保险制度的意见》，决定推进城镇医保与新农合的整合。截至2023年底，全国基本医疗保险参保人数约13.34亿人，基本养老保险参保人数为10.66亿人，各项社会保障数据均显示城乡公共服务供给水平显著提升。此外，全国范围内城乡基础设施建设也实现联通化、一体化，到2018年底，绝大多数乡镇和建制村实现了硬化道路和光纤网络覆盖，城乡间的物理及信息联系明显加强。在建设用地市场领域，城乡统一改革取得重大进展。通过推行农村承包地所有权、承包权和经营权“三权分置”制度，不仅稳定了家庭联产承包责任制，还激活了土地经营权的流转；同时，对农村宅基地进行的“资格权、使用权、所有权”改革在保障农民合法居住权的前提下，进一步增强了农民的财产权。农村集体经营性建设用地入市制度逐步建立，截至2018年底，已有大量集体经营性建设用地直接入市，腾退大量闲置宅基地，为农民财产权的实现提供了制度保障。这一系列政策措施和制度创新，使得城乡之间的人口、资本、技术、土地等要素得以更加顺畅地流动，实现工农互促、城乡互补。值得注意的是，城乡融合发展不仅体现在基本公共服务和社会保障的均等化上，更表现为资本和技术等现代要素对农村的“下乡”趋势。

党的十八届三中全会以来，政府不断放宽对城市工商资本进入农村的限制，允许社会资本投资农业和农村项目，推动农业现代化与产业升级；同时，返乡创业的农民工规模不断扩大，为农村产业发展注入了新的活力。

从更宏观的层面看，城镇化与工业化是现代化进程的核心内容，重塑人类社会的产业结构和城乡形态，构成现代社会生产生活的基本经济和社会基础。中国式现代化具有鲜明的中国特色，其城镇化不仅注重工业、城市的快速发展，还强调农业、农村、农民在现代化建设中的基础作用。与西方国家普遍存在的城乡对立、冲突和替代现象不同，我国在快速城镇化的同时，始终保持着农业农村作为工业化支撑和城市反哺的重要地位。中国城乡融合发展正体现出一种“互补”关系，即农业、农村和农民是工业化和城镇化的基石，而城市和工业则通过资源、技术和管理经验对乡村进行反哺和支持。县域经济作为城乡融合发展的重要支撑，既为流动人口提供了“家园”，又保持了地方经济活力。

党的十八大以来，我国坚持将城乡融合发展作为解决“三农”问题、推动全面建成小康社会和实现现代化建设的根本途径。中共中央强调，必须打破以城统乡、以工统农的发展模式，推进城乡资源配置机制、公共服务体系以及土地、户籍等关键制度的深层次变革。推动城乡融合发展，不仅实现了城乡居民收入比的显著下降（由2012年的1.88倍下降至2024年的2.34倍），还大幅提升了农业劳动生产率，确保我国在脱贫攻坚战中取得历史性胜利，实现绝对贫困的全面消除。

2.城乡融合的核心概念

根据以上内容可以看出，城乡融合发展的内涵在持续深化，其内容持续向多维度、综合性方向转变。总而言之，城乡融合发展是我国实现农业农村现代化、绿色发展、高质量发展中的重要一环。城乡融合发展是我国向更高质量、更全面、更协调、实现可持续、全面实现现代化发展方向。

就城乡融合发展而言，其核心概念主要有以下几个方面。

（1）经济层面

经济层面的城乡融合体现为一个多层次、多角度的系统重构过程，既有技术进步带来的生产方式变革，也有制度机制创新推动下的要素重组。在这一过程中，政策、市场与科技创新相互作用，共同构成推动城乡经济一体化发展的内在动力。城乡融合不仅有助于提升整个国民经济的竞争力，也为实现共同富裕、缩小城乡收入差距提供理论与实践的双重支撑。

城乡融合在经济领域表现为打破长久以来形成的城乡二元分割，实现资源与生产要素的高效重组和协同发展。长期以来，城市和农村分别承担着不同的经济功能，城市集中体现着现代工业、服务业及高新技术产业的发展，而农村则主要依赖农业和初级产业的生产模式。随着我国经济转型升级和新技术革命的不断推进，城乡之间原有的壁垒正逐步被打破，各类资源在空间和时间上得以重新配置。在这一背景下，推动信息化、数字化技术在农业和乡村经济中的应用，传统农业逐步转型升级为现代农业，而城市中的高端服务业、制造业也越来越依赖来自农村的新鲜资源和广阔市场。

当前，在政策、技术和市场力量的共同作用下，我国大力推进城乡经济一体化发展，注重建立一个涵盖资本、技术、信息和人才等多重要素双向流动的经济体系。政府在引导产业转移和优化资源配置方面发挥着关键作用，通过制定有利于农村经济振兴的政策，改善农村投资环境，吸引城市资本和技术向乡村流动，从而实现城乡经济互补。数字经济的发展为这一进程提供新动能，电子商务、互联网金融等现代经济形式使得农村产品能够跨越传统渠道直接进入城市市场，促进农产品的附加值提升，也推动农业生产方式的现代化转型。同时，城市中部分高端产业与农村传统经济在产品、技术及服务模式上相互融合，形成了互为依托、优势互补的新型产业链条，从而有效缓解了城乡经济发展的不平衡状态。

在这一过程中，经济融合还体现在区域间经济协同与产业链延伸上。区域经济合作和跨区域资源整合成为推动城乡经济一体化的重要途径。我国东部沿海地区与中西部农村之间在经济发展水平、信息化程度以及产业结构上存在较大差异，通过构建区域协同发展机制，打破传统区域界限，可以实现资本、技术和市场需求在更大范围内的均衡配置。例如，通过建设区域性经济合作区、产业转移区和现代物流中心，将城市的高端服务和先进制造能力与农村的资源禀赋和土地优势相结合，不仅能够促进产业结构的优化升级，还能缩小区域间经济发展的差距。这种区域经济一体化不仅需要政府在宏观调控和政策协调上做出努力，更需要市场机制的引导和企业间的主动合作，共同构建起一个稳定而高效的经济生态系统。此外，城乡经济融合的核心还体现在收入分配机制和利益共享模式的根本性变革上。传统的发展模式往往使得城市与农村在收入、就业和福利上形成较大差异，而实现经济层面的融合必然要求城乡居民在经济发展成果上能够共享红利。为此，政府及相关机构在推动城乡经济协同发展的同时，必须注重构建一种能够有效平衡收入分配和社会保障的机制。通过金融创新、税收优惠以及财政转移支付等手段，缩小城乡差距，从而促进消费、投资与区域均衡发展。经济融合不仅关乎生产力的提升，更涉及城乡居民生活质量的全面改善。在这一进程中，数字经济和绿色金融等新兴领域的迅速发展，为经济一体化提供了全新的动力与模式，使得城乡经济关系不再是简单的资源交换，而是一种结构性、系统性、互动性极强的协同发展关系。

（2）空间层面

空间层面的城乡融合是一个涉及整体规划、基础设施互联以及生态环境保护的综合性过程。只有通过科学的空间规划和跨区域协同，才能真正打破城市与农村之间的界限，实现土地、交通、信息等各项资源的优化配置，为城乡居民营造出一个绿色、宜居、高效的生活环境，从而推动整个区域现代化进程的稳步前进。

在城乡融合的空间维度上，重点探讨的是如何通过城乡规划、基础设施建设及土地利用布局的协调，打破长期以来城市与农村在空间格局上的对立状态。传统发展模式下，城市与农村各自为政，形成明显的空间隔离，这种分割不仅导致了资源配置效率低下，也使得公共服务、交通网络及信息通信设施存在明显的不均衡现象。随着城市化进程不断推进，如何在规划设计上实现城乡空间的有机联结，逐渐成为解决城乡发展不平衡问题的重要议题。从空间规划的角度来看，城乡一体化要求打破原有的分割思维，以整体性的区域发展理念重新审视城市和乡村的关系。现代城市规划不仅关注城市内部的功能分区与交通网络建设，更需要将周边农村及城郊地区纳入统一的规划体系，实现资源共享和优势互补。构建“城市群+乡村振兴”的发展模式，可以在区域范围内形成互联互通的基础设施网络，使得城乡之间的物理距离和信息隔阂得到有效缓解。数字技术和地理信息系统的引入，为空间数据的整合与动态监测提供了有力工具，进而帮助规划部门科学评估城乡空间结构的演变趋势，制定符合区域实际情况的空间布局方案。

基础设施的互联互通在空间融合中起着至关重要的作用。以往，城市与农村在交通、能源、通信等基础设施方面的流通较慢，严重影响资源流动和公共服务的均衡配置。近年来，国家大力推进城乡基础设施一体化建设，通过高速公路、城际铁路以及数字网络等多种方式，实现城乡之间的高效连接。这种从硬件到软件的整体提升，不仅改善了城乡居民的出行、通信和生活条件，也为企业经营、产业布局提供了更加宽松的空间环境。区域内各类设施的互补发展，使得城市的先进技术与管理经验得以辐射到乡村，而农村广袤的土地资源与生态优势也逐步成为城市扩展的重要补充。此外，在现代城乡空间体系构建中，生态空间的合理布局同样不可或缺。生态环境既是城乡居民生活质量的重要保障，也是实现可持续发展目标的基础。城市在高速扩张的同时，不可避免地面临着环境污染和资源紧缺的问题，而农村虽然在生态环境方面具有天然优势，但也存在保护与开发之间的矛盾。由此，构建一个兼顾经济发展与生态保护的城乡空间体系显得尤为重要。通过合理划定生态保护区、建设绿色走廊和生态廊道，可以在城乡之间建立起一条生态屏障，不仅保护环境，也为城乡居民提供更高质量的生活空间。信息化技术在生态监控和环境评估中的应用，为精准治理提供数据支撑，使得城乡生态空间的规划更具科学性和前瞻性。区域内不同区域的协调发展也在空间融合中发挥着关键作用。我国地域辽阔，各地在经济发展、文化背景、地理条件等方面存在显著差异。如何在区域规划中实现不同地区间的协同发展，是当前亟待解决的问题。通过构建区域性城乡统筹发展机制，各地区可以根据自身特点制定差异化的发展策略，既确保资源的优化配置，又能实现区域整体功能的提升。区域之间通过共享信息、合作投资以及联合规划，可以形成一个无缝对接、互利共赢的空间发展格局，从而推动城乡空间一体化进程。

（3）人口层面

人口层面的城乡融合是一个多维度、全方位的动态过程，涉及制度创新、公共服务均等化、文化认同重构以及劳动力市场的优化整合等。只有打破原有的城乡壁垒，建立起开放、包容和互动的人口流动机制，才能真正实现城乡人口在生活方式、社会保障以及发展机会上的均衡共享，从而为城乡整体融合发展提供坚实的人口基础和社会支撑。

在人口领域，城乡融合既涉及劳动力资源的合理流动，也包括居民公共服务的享受与社会保障体系的均衡建设。历史上，由于城乡制度和发展条件的差异，城市和农村在人口规模、结构和分布上呈现出截然不同的特点。城市凭借优越的教育、医疗条件和就业条件，吸引了大量人口聚集；而农村则因经济发展滞后、公共服务不足而面临人口流失和老龄化等问题。这种不均衡现象不仅制约了农村的发展，也加剧了城乡之间的社会经济差距。在当前我国深化改革和推进新型城镇化的背景下，人口要素正经历着重新分布和流动的深刻变化。制度上的改革，如户籍制度的逐步放宽，为城乡人口的自由流动提供了制度保障。在经济转型的推动下，农村劳动力的技能培训和就业机会不断增加，使得人口结构逐步趋于合理。城乡之间不再仅仅是单向的人口迁移，而是呈现出一种互动与双向流动的趋势。通过建立健全城乡劳动力市场和促进人口要素的均衡分布，既可以缓解城市过度拥挤的状况，也能够为农村注入新活力，进而带动当地经济与社会全面发展。

公共服务均等化成为推动人口融合的重要举措。长期以来，城乡在教育、医疗、文化、社会保障等领域存在较大差距，形成了明显的不平衡现象。现阶段，政府通过增加对农村教育和医疗等公共服务的投入，采取“互联网+”等信息技术手段，实现了优质资源的跨区域共享和远程服务的推广，不仅在一定程度上改善了农村居民的生活质量，也为吸引城市人才返乡创业创造了条件。城乡公共服务体系的不断完善，使得居民无论身处何地，都能享受到相对均衡的发展成果，进而促进了社会公平和人口结构的合理调整。

在人口融合过程中，文化认同和社会参与的建设也不可忽视。城市与农村在生活方式、价值观念上存在一定差异，这种文化隔阂在一定程度上阻碍了人口的真正融合。通过加强城乡文化交流、举办各类社区活动以及推广乡村振兴项目，增强彼此之间的情感联结。社区治理、基层民主建设和公共参与的不断深化，使得城乡居民在参与公共事务时更加主动和自觉，为整体社会治理提供了广泛的民意支持和社会资源。这样一种由内而外的社会融合过程，不仅在物质层面上缩小了城乡差距，更在精神和文化层面上实现了真正意义上的一体化。

人口结构的优化和流动机制的完善也会对经济、社会及区域协调发展产生深远影响。劳动力在城乡间的合理流动，不仅能够缓解城市就业压力，而且为农村经济发展注入新活力。技术培训、职业教育以及创业扶持等措施在一定程度上提高了农村劳动力的技能水平，使得他们在进入城市就业市场时具备更强的竞争力。与此同时，城市中部分高技能人才通过各种渠道下沉到农村，在农业现代化和乡村产业升级中发挥重要作用。互动过程既实现人口红利的有效利用，又促进城乡经济与社会结构的协调发展。

（4）生态层面

生态层面的城乡融合是一项系统性工程，需要在城乡规划、产业转型、生态保护和绿色金融等多个领域同时发力。构建以生态优先、绿色低碳为核心的发展模式，不仅可以缓解城乡发展过程中因资源过度利用所带来的生态压力，也能够为经济社会发展注入可持续的绿色动力。生态文明建设作为现代化建设的重要组成部分，其目标不仅在于改善环境质量，更在于通过绿色转型实现城乡资源的合理配置和社会整体的可持续发展。只有在生态层面实现真正的融合，城乡融合才能走出一条兼顾经济效益与生态效益的协调发展之路，为实现人与自然和谐共生提供坚实保障。

生态层面的城乡融合关注的是在实现经济社会发展的同时，如何构建一个绿色、低碳、可持续的生态环境体系。融合过程不仅涉及对传统发展模式中资源过度开发与环境破坏的反思，也要求在城乡规划、产业发展及公共政策中融入生态文明理念。过去，城市的快速扩张往往伴随着环境污染、生态退化和资源枯竭，而农村在保持生态良好状态的同时，却因开发不足而未能充分利用自然资源的优势。当前，在推动城乡融合的过程中，构建生态优先、绿色低碳的发展模式已成为一项基本要求。生态融合的实现需要在城乡空间规划中充分考虑生态系统的整体性与连贯性。将生态保护和生态修复纳入城乡规划体系，通过划定生态保护区、建立绿色走廊和生态廊道，使得城市与农村在经济建设和生态环境之间形成一种动态平衡。这种平衡不仅体现在资源利用效率的提高上，更体现在环境质量的改善和生态系统服务功能的提升上。现代信息技术的引入，为生态环境的实时监控和科学治理提供了有效手段，能够通过大数据分析和遥感监测及时发现环境问题，并帮助制定相应的治理措施，使城乡生态保护呈现出整体联动的局面。

生态融合还强调在城乡产业发展中注入绿色转型的理念。绿色低碳技术、清洁能源与循环经济模式在推动城乡经济转型升级中扮演着越来越重要的角色。推动传统产业的绿色改造，不仅有助于提高资源利用效率，还能降低环境污染和能源消耗。通过政府、企业和社会的多方合作，可以构建出一个集技术创新、绿色金融支持和政策引导于一体的综合体系，进而形成一种生态友好型的产业发展模式。该模式不仅适应全球气候变化和环境保护的要求，而且为城乡在新型工业化和信息化过程中提供可持续发展的动力。在城乡融合过程中，生态环境的改善与修复也成为构建宜居环境和提升居民生活质量的重要组成部分。城乡区域通过建立生态补偿机制、推进城乡绿地系统建设以及加强环境监管与执法力度，可以有效提升区域整体生态质量。城市在追求经济发展的同时，通过引入生态治理理念和绿色技术，为周边农村地区提供生态服务和环境支持；而农村则以其丰富的自然资源和良好的生态环境优势，为城市提供生态补给和休闲旅游资源。双向互动不仅有助于实现区域内生态系统的整体优化，也为城乡居民营造出更加健康、绿色的生活环境。

（5）社会层面

社会层面的城乡融合不再仅仅是公共服务的简单均衡，而是一种涵盖制度创新、社会参与以及文化共融的全方位社会重构过程。通过不断推动公共服务体系的改革、促进城乡治理的协同创新以及加强居民文化交流与社会资本建设，可以形成一种具有高度认同感和归属感的社会共同体。这种共同体既体现了城乡居民在物质生活水平上的均衡提升，也反映出城乡居民在精神文化和社会治理层面逐步实现的一体化融合。正是在这样的背景下，我国城乡融合的社会基础得以不断夯实，为实现整体社会现代化和共同富裕目标提供了强有力的支持。

城乡融合在社会领域体现为公共服务均等化、社会治理体系的创新以及文化认同的逐步构建。长期以来，城乡居民在教育、医疗、文化、社会保障等公共服务上存在着较大差异，这不仅加剧了城乡之间的发展不平衡，也在一定程度上影响社会稳定和居民幸福感。当前，随着国家对乡村振兴和新型城镇化战略的不断推进，城乡公共服务资源配置逐步向均衡化方向发展，社会治理方式也在不断创新升级。在公共服务领域，城乡居民对教育、医疗、文化等资源的需求日益增长，而传统的城乡分割模式难以满足这种需求。随着信息技术的发展，“互联网+”模式为公共服务资源的跨区域共享提供了可能，通过线上远程教育、智慧医疗等新型服务方式，农村居民能够获得与城市居民同等质量的服务保障。同时，国家不断加大财政转移支付力度，完善城乡统一的社会保障体系，使得城乡居民在养老、医疗、住房等方面逐步实现了待遇的接轨与统一，这在很大程度上促进了城乡社会关系的协调发展。

社会治理方面，城乡融合的深化要求构建一种既尊重地方实际又体现整体协同的治理体系。传统的基层治理模式在面对日益复杂的社会问题时，显现出协调不足、服务不均等问题。新形势下，通过引入现代治理理念、信息化手段和社区自治模式，城乡治理体系正呈现出跨区域、跨部门协同的特点。社会各界在推动治理创新中，逐步形成了一种多元参与、共同决策的治理机制，使得城乡居民能够在参与公共事务中表达诉求、形成共识，从而增强社会信任感和社区归属感。

此外，文化认同与价值共建是社会融合中不可忽视的软性要素。城市与农村在生活习惯、价值观念和文化传统上存在差异，正是这些差异，在一定程度上阻碍了城乡居民之间的深度交流。组织各类文化交流活动，共同举办传统节日庆典以及推动城乡社区联谊，可以逐渐消解因地域和生活方式不同而形成的隔阂。文化认同的逐步形成，不仅能够提升城乡居民的精神面貌，更为社会和谐稳定提供了精神支撑。社会各界在推进城乡融合的过程中，应注重文化资源的保护与传承，同时也要鼓励创新发展，在多元文化的交流中找到共通的价值认同，为构建一个公平、包容、和谐的城乡共同体奠定坚实基础。

总体而言，城乡融合是一项涉及经济、空间、人口、生态和社会多维度的系统工程。从经济领域的生产要素优化配置与产业协同，到空间规划中的跨区域资源整合与生态环境保护；从人口流动机制的制度创新与公共服务均等化，到生态文明建设中绿色低碳模式的构建，再到社会治理创新和文化认同的共建，各个层面的探索都体现出我国在打破城乡壁垒、构建新型城乡关系过程中的理论深度与实践探索。正是在这些领域不断深化改革、探索创新的基础上，我国城乡融合才能实现内生动力的全面释放，为推动现代化建设和共同富裕奠定坚实基础。上述城乡融合的核心要义既是本研究构建内蒙古城乡融合指标体系的指南，也是内蒙古实现全面现代化的指引。

（二）数字化

“没有信息化就没有现代化”，这一论断深刻揭示了数字技术在我国现代化进程中的基础性作用。自改革开放以来，我国数字化发展经历了从信息技术初步应用、互联网普及到如今数字中国战略全面推进的重大转变。数字化不仅推动了经济结构优化、产业升级，还在改善公共治理、提升社会服务和促进城乡融合等方面发挥着举足轻重的作用。本部分内容旨在回顾我国数字化发展的历史阶段和关键成效。

1.我国数字化发展的四个阶段

（1）信息技术探索阶段（1977—1993年）

在改革开放初期，信息技术作为一种新兴工具，逐渐进入高校教育和政府管理领域。1978年，我国正式实施改革开放，开始引进计算机技术，并逐步在农业和经济管理中试点应用。与此同时，高等教育领域的计算机课程开始普及，为数字化发展打下了坚实的基础。这一时期的主要特点是计算机逐渐成为办公工具和统计分析手段，标志着我国信息化建设的起步。

（2）互联网普及与数字化转型初期阶段（1994—2012年）

1994年，我国正式接入国际互联网，数字化进程步入新阶段。国家启动多项“金字工程”，加强基础设施建设，推动政务、金融等领域的信息化转型。高校计算机教育进一步完善，培养了大量信息技术人才。在这一阶段，互联网开始深度渗透到社会各个层面，为后续数字化发展奠定了坚实基础。

（3）网络扶贫与数字经济加速发展阶段（2013—2020年）

党的十八大以来，党中央把脱贫攻坚作为治国理政的重要任务，充分认识到数字技术在精准扶贫中的巨大潜力，在全面数字化发展中取得了巨大成就。2013年8月，国务院印发《“宽带中国”战略及实施方案》，提出加快网络基础设施建设。随后，在“十三五”规划期间，国家陆续推出“互联网+”等战略，通过构建数字扶贫平台，实现贫困地区信息基础设施升级、数据精准监控和动态管理，切实提升了扶贫工作的精准性和科学性。与此同时，国家层面将信息化发展正式上升为国家战略。

2014年，习近平总书记基于信息化趋势和国内外大局，明确提出“没有信息化，就没有现代化”、“以信息化驱动现代化”等重要论断。“网络强国”作为国家意志系统推进，强化网络基础设施自主可控、保障网络安全与推动数字经济发展纳入战略布局。

2016年，“数字中国”理念提出并持续深化。《国家信息化发展战略纲要》印发，确立“加快建设数字中国”为信息化的首要任务。

2017年，党的十九大报告首次将“建设网络强国、数字中国、智慧社会”写入党和国家的纲领性文件，标志着我国数字化发展战略目标全面确立。在此背景下，计算机教育在高校中的内容与形态也发生了深刻转变。

进入2010年，随着数智时代（数字+智能）的趋势日益显现，高校逐渐将信息素养教育纳入计算机基础教育的核心目标。张基温教授于2002年提出的信息素养“三层模型”（文化素养、信息意识与信息技能）被广泛引用，后续又提出应将计算机基础教育升级为信息社会所需的能力导向教育，强调实践能力、技术更新跟踪能力及个性化、多模式学习路径。尤其是2003年创刊的《计算机教育》，成为推进高校信息素养教育理念传播的重要平台。张基温在创刊号发表《论高等信息素养教育》，强调数字时代对大学生素养结构的新要求，并在后续论文《高等信息素养教育框架》中系统提出了课程模块化、能力结构化、评价多元化的教学改革建议。这一阶段，许多高校逐步将信息检索、信息安全、信息评估纳入计算机基础课程教学目标，并开始开发以信息素养为主线的课程体系。

在网络扶贫政策的推动下，数字经济迅速发展。以“互联网+”为代表的数字经济模式逐渐形成，通过大数据、云计算、物联网等技术手段，推动传统产业数字化转型，加快了产业链重构和价值链升级。自2017年《新一代人工智能发展规划》发布以来，我国将人工智能、大数据、云计算、5G等前沿技术作为战略重点。

在顶层制度设计方面，国家不断完善信息化发展战略体系，确保各阶段发展协调推进。自2006年《国家信息化发展战略（2006—2020）》首次提出信息化与现代化并轨目标以来，中央又于2016年发布《国家信息化发展战略纲要》，提出“以信息化驱动现代化”，并将该纲要作为“十三五”及后续规划的核心指引。此外，《国家信息化发展报告（2017）》等一系列政策评估文件持续追踪和量化信息化建设成效，为后续“数字中国”战略部署提供数据支撑与政策反馈机制。

本阶段的主要特征体现在国家层面将信息化提升至战略高度，提出“网络强国”“数字中国”等目标，并通过《国家信息化发展战略纲要》《新一代人工智能发展规划》等顶层设计推动信息基础设施、数据资源与数字产业系统布局。“互联网+扶贫”“网络扶贫行动计划”等政策加快农村地区网络覆盖，促进数字红利普惠共享。同时，数字经济加速成长，以大数据、人工智能、5G等为代表的新技术广泛赋能传统产业转型，标志着我国进入以数字化引领经济社会转型的关键阶段。

（4）数字中国与全面数字化转型阶段（2021年至今）

2021年起，我国进入数字化转型全面深化阶段。《“十四五”国家信息化规划》（以下简称《规划》）出台，对新时代数字化发展作出系统部署。《规划》指出，“十四五”时期信息化进入加快数字化发展、建设数字中国的新阶段，加快数字化发展既是构筑国家竞争新优势的内在要求，也是弥合数字鸿沟、推进治理现代化的必然选择。《规划》明确了到2025年数字中国建设取得决定性进展的目标，并部署了建设数字基础设施、数据要素体系、数字社会和数字政府等10项重大任务。本阶段国家对信息化战略的部署体现出系统性、前瞻性和多维度协同。这一阶段还特别重视新一代信息技术的战略性布局，包括大数据、云计算、人工智能、区块链、5G等技术作为“新基建”核心，被广泛应用于工业互联网、智慧城市、数字政府等重点领域。

2021年7月，中央网信办、农业农村部、国家发展改革委、工业和信息化部等发布《数字乡村建设指南1.0》，意见中也明确指出，数字乡村总体参考架构，包括信息基础设施、公共支撑平台、数字应用场景等内容。同年12月，中央网络安全和信息化委出台《“十四五”国家信息化规划》，规划指出加快数字乡村建设，缩小城乡信息化差距。2022年1月，中央网信办、农业农村部等发布的《数字乡村发展行动计划2022—2025年》强调，实施数字基础设施升级行动、智慧农业创新发展行动、新业态新模式发展行动、数字治理能力提升行动等重点行动。2022年12月30日，国家质检总局 CN-GB发布GB/T 42131—2022《人工智能　知识图谱技术框架》。截至2022年底，全国建成5G基站231.2万个，5G用户达5.61亿，占全球总量的60%以上；全国数据产量达到8.1ZB，同比增长22.7%。在这一阶段，数字技术不断渗透到各行各业。政府部门以“数字政府”为核心，加快实现政务服务“一网通办”“最多跑一次”等便民措施，不断提升公共服务和社会治理水平。同时，数字化在医疗、教育、金融、制造业等领域的应用也日益普及，智能制造、智慧城市、数字农业等新模式不断涌现，形成了以数据、网络和智能技术为支撑的全产业数字化发展新局面。

2024年7月，世界“人工智能与数字伦理”平行会议在上海世博中心召开，会议发表了人工智能赋能教育发展的倡议。2024年8月，联合国教科文组织（UNESCO）网站上发表了《教师人工智能能力框架》和《学生人工智能能力框架》。2024年11月14日，教育部高等教育司发布《关于公布第二批“人工智能＋高等教育”应用场景典型案例的通知》。2024年11月18日，教育部发布了《关于加强中小学人工智能教育的通知》，要求到2030年，中小学基本普及人工智能教育，为我国深化教育“数字化”提供坚实支撑。随着人工智能、大数据、区块链等新兴技术的不断突破，我国在数字经济领域逐步形成具有国际竞争力的产业体系。

2.数字化的核心概念

根据以上内容可以看出，数字化的内涵在不断拓展与深化，其功能早已超越了技术工具的范畴，成为我国现代化建设的基础性支撑。从最初的信息技术探索与高校教育体系的制度化起步，到互联网普及带来的基础设施建设和制度顶层设计的完善，再到数字经济全面融入国家战略，数字化发展已逐步从“技术驱动”迈向“战略引领”，实现了由点到面、由单一领域到多维系统的深度转型。特别是进入“数字中国”战略阶段，数字技术不仅重塑了产业结构与公共治理方式，也显著改变了城乡空间格局与社会服务体系，成为推动高质量发展和区域协调发展的关键动力。可以说，数字化已成为支撑我国实现从经济转型、社会治理到城乡融合、教育改革等多个维度系统性重构的重要引擎，是全面实现中国式现代化目标过程中的根本性力量。因此，现阶段而言，数字化的核心概念可以从以下几个层面进行阐述。

（1）数字基础设施：数字化发展的核心基座

数字基础设施是数字经济发展的基础性载体，是指支撑数据生成、传输、存储与处理的一系列新型基础设施。它包括信息网络设施（如宽带网络、移动通信网、卫星互联网等）、算力设施（如数据中心、智能计算中心等）以及融合基础设施（将传统设施通过数字化、智能化改造而形成的基础设施）等。

高质量的数字基础设施能够提供高速泛在的连接和强大的算力支持，保障各行业数字化转型的顺利推进。正因其重要的支撑作用，《数字中国建设整体布局规划》明确将数字基础设施与数据资源体系并列为“数字中国”建设的两大基础。同样，《“十四五”数字经济发展规划》也将“优化升级数字基础设施”置于重点任务之首，要求“加快建设信息网络基础设施，推进云网协同和算网融合发展，有序推进基础设施智能升级”。由此可见，数字基础设施被视为数字化发展的底座，在国家战略中居于优先地位。完善的数字基础设施不仅广泛融入生产生活，而且对政务、民生、社会治理等各领域发挥越来越突出的支撑作用，也为生产数字化和流通数字化提供必要的技术条件和运行环境，是后两者得以实现和深化的前提。

（2）生产数字化：实体经济的数字化转型

生产数字化是指将数字技术全面融入实体经济的生产环节，实现生产方式的智能化、效率提升和模式创新。具体而言，就是推动农业、制造业等传统产业利用新一代信息技术进行转型升级，包括农业的智能化生产、工业的数字化制造、生产性服务业的平台化等。国家高度重视生产领域的数字化转型。《“十四五”数字经济发展规划》将产业数字化转型作为重点任务之一，提出要“大力推进产业数字化转型”，加快企业数字化升级，深化农业、工业等重点行业以及产业园区的数字化改造。《规划》预期到2025年我国农业数字化转型将快速推进，制造业的数字化、网络化、智能化水平将进一步提升，生产端数字化转型的支撑服务体系基本完备。表明在国家战略层面，生产数字化被视为数字经济时代实体经济高质量发展的关键动力。文件强调要“协同推进数字产业化和产业数字化，赋能传统产业转型升级”，正是从理论上肯定生产数字化在数字经济体系中的核心地位。

一方面，生产数字化依托于数字基础设施提供的网络和算力环境来实现。另一方面，生产环节产生的大量数据又为进一步创新和优化提供了原料，成为数字经济中新的关键生产要素。因此，生产数字化既受益于坚实的数字基础设施支撑，又为流通数字化和数据要素价值挖掘奠定了基础。

（3）流通数字化：流通体系的智能化升级

流通数字化是指利用数字技术改造和提升商品、服务及要素在经济中的流通环节，包括物流配送、商贸流通、市场交易和消费方式等方面的数字化转型。通过建设数字物流平台、发展电子商务和数字贸易、完善数字支付和供应链管理等手段，流通环节的效率和协同性显著提高，使商品和服务从生产者到消费者的传递更加智能、高效和可监测。国家政策文件为流通数字化提供了明确的指导方向。《“十四五”数字经济发展规划》在促进国内国际双循环方面提出要“加快贸易数字化发展”，大力发展电子商务和数字贸易，推进“数字丝绸之路”建设，以构建高效顺畅的数字化流通体系。同时，在数字乡村战略中也体现了流通数字化的重要实践。

例如，《数字乡村发展战略纲要》要求创新农村流通服务体系，实施“互联网+农产品出村进城”工程，完善农产品加工、仓储、冷链物流等设施，并“深化电子商务进农村”，建设智慧物流配送中心，推动人工智能、大数据赋能乡村实体店，实现线上线下渠道融合。上述措施旨在通过数字化手段打通城乡流通渠道，提升流通效率并促进消费扩容。流通数字化在国家数字化体系中扮演着连接生产与消费的枢纽角色：一方面，流通数字化依托数字基础设施和生产数字化所提供的商品与数据；另一方面，流通数字化将数字化的产品和服务高效地输送给消费者，将市场需求数据反馈给生产环节，从而形成数字经济中供需双向循环的闭环。

数字基础设施、生产数字化和流通数字化三者之间具有明显的层次性和协同性，共同构成完整的数字化转型体系框架。

首先，数字基础设施处于底层，提供网络、算力和平台支撑，是生产和流通数字化的必要条件和前提。没有坚实的数字基础设施，生产过程中的智能化改造和流通环节的在线协同就无从谈起。

其次，生产数字化和流通数字化分别对应着经济运行的供给端和流通端，两者相互衔接、不可分割。生产环节的数字化提高了供给质量和效率，为流通提供了更加丰富、高质量的数字化产品和服务。流通环节的数字化则打通了从生产到消费的路径，使生产成果得以及时高效地分配和传递，并通过数据反馈促进生产方式的持续优化。正如相关政策所强调的，要发挥数据在研发、生产、流通、消费全价值链协同中的作用——这实际上描述的就是一个数字化打通全链条、各环节协同增效的理想图景。

在实践中，三者常常同步推进、互相促进。例如，在农村数字化发展中，信息基础设施的升级、农业生产的数字化以及农产品流通渠道的线上线下融合是同时发力的重点，三者缺一不可。数字基础设施的完善使农民能够利用电商平台拓展销路，而农村电商和智慧物流的发展又进一步刺激农村网络设施的需求和建设投入，进而带动农业生产向规模化、智能化方向发展。

可见，三者之间形成一个相互支持、螺旋上升的关系：数字基础设施提供“硬支撑”，生产数字化和流通数字化构筑起数字经济运行的核心环节，两者通过数据和业务流程的连接相互赋能。在国家数字化战略中，这三个维度共同发挥结构性作用，支撑起数字经济和数字社会的宏伟蓝图。总而言之，只有夯实数字基础设施这个根基，实现生产和流通环节的全面数字化转型，并让三者协同发展、互为支撑，才能真正把握数字化的核心内涵，构建起系统完备、运行高效的数字化发展新格局。

二、基础理论

（一）金融包容性增长理论

金融包容性增长理论源于对传统经济增长模式的反思。20世纪末，各国在追求GDP增长的同时，贫富差距和地区差异仍然突出，许多弱势群体难以分享经济发展的成果。为解决“增长不共享”的难题，国际组织和学者提出“包容性增长”的理念，强调经济增长应兼顾公平，让所有社会成员受益。其中，金融包容（普惠金融）被视为实现包容性增长的关键机制。例如，世界银行指出，金融包容性意味着让个人和企业能够方便、负担得起地获取符合其需求的金融服务（支付、储蓄、信贷、保险等），并以负责可持续的方式提供。

这一理念旨在通过扩大金融服务覆盖面，增强全民经济参与度，从而推动国民财富增长与贫困减少同步实现。“包容性增长”是指在提高国家财富的同时减少贫困和不平等的一种发展模式，注重代际公平和机会平等。与此相应，“金融包容性增长”强调通过普惠金融体系来支撑包容性的经济发展。其核心概念是金融普惠，即金融体系应覆盖所有阶层与群体，特别是传统上被排除在外的低收入、农村、弱势人群，让他们能利用金融服务来参与经济活动、积累资产和抵御风险。这一理论认为，当更多人能够获得贷款、储蓄、安全支付和保险保障时，全社会的创业投资将增加，就业机会将增多，抗风险能力将提升，进而实现更广泛共享的经济增长。因此，金融包容既是经济发展的手段，也是衡量增长质量的重要维度。

金融包容性增长理论的基本观点包括以下三点。

第一，广覆盖的金融体系有助于经济的长期稳定增长。当金融服务触达城乡各角落时，居民储蓄可以转化为投资、创业资本，从而提高全要素生产率。

第二，普惠金融能够减少贫困和收入不平等。例如，小额信贷和移动支付的普及让农村居民也能获得资金支持，发展生产或应对急需，有助于缩小城乡收入差距。

第三，金融参与度提高可增强经济韧性。更多人拥有银行账户和保险后，家庭在失业、自然灾害等冲击下更有缓冲能力，整个经济体系的抗风险能力增强。

这些观点得到大量实证研究支持，许多跨国经验表明金融包容与人均收入提高、贫困率下降存在正相关关系。20世纪70年代，孟加拉乡村银行的尤努斯等实施小额信贷，为贫困人群提供金融服务，开启了金融普惠的先河。此后，普惠金融的概念逐步扩展，2005年被联合国确定为“国际小额信贷年”，将金融服务覆盖贫困人口提上全球议程。进入21世纪，世界银行、国际货币基金组织等机构将金融包容纳入包容性增长战略，学术界开始系统研究其对宏观经济的影响。近年来，数字技术的发展（如移动支付、数字银行等）赋予普惠金融新的动力，被视为金融包容实践的最新阶段。在理论上，金融包容性增长已成为发展经济学的重要组成部分，不再局限于金融领域的探讨，而是与减贫研究、包容性发展理论相融合。在全球范围内，许多国家将金融包容作为政策重点。例如，印度推出全民银行账户计划，肯尼亚通过移动支付平台M-Pesa显著提高了农村金融服务可及性。我国大力发展数字普惠金融，如移动支付和互联网信贷下乡等，使偏远地区的人口也可以享受便捷的金融服务。这些实践表明，政策支持、技术创新和机构合作对推进金融包容至关重要。同时，国际经验显示，单纯扩大金融服务覆盖还不够，还需要发展农村经济、完善基础设施和提升金融素养，才能将金融包容转化为实实在在的增长动力。在我国城乡融合背景下，普惠金融被寄予厚望，加强对农村、中小微企业的信贷支持和金融创新，促进城乡资金要素双向流动，为乡村产业振兴和农民增收提供金融血液支持。

因此，金融包容性增长理论对本研究具有极高的理论参考价值，金融包容性增长理论对城乡融合发展评价指标体系具有重要启示。它强调衡量经济融合时要关注金融服务的可得性和公平性，如城乡居民拥有银行账户或使用数字支付的比例、农村信贷获得率等指标。这有助于评估城乡经济融合的质量，而不仅是产出总量。金融包容所体现的“人人共享”理念与城乡融合发展的初衷一致——只有让农村人口平等地享受金融和经济发展的机会，才能实现真正的融合发展。总之，金融包容性增长理论为指标体系设计提供了“以人为本”的价值取向，提醒我们关注弱势地区和人群的金融获得状况，以确保城乡融合和数字化转型不落下任何一方。

（二）金融排斥理论

金融排斥理论关注的是社会中某些群体被排除在主流金融体系之外的现象及其影响。20世纪末，西方国家开始注意到金融服务的不平等分布问题。例如，英国在20世纪90年代出现了银行网点从贫困社区撤出的现象，许多低收入人群难以开立基本银行账户或获得贷款，这引发了学者对“金融排斥”的讨论。金融排斥的概念最初与社会排斥理论相关联，反映出金融服务获取的差异会加剧社会不平等。随着全球化和数字化的发展，金融排斥问题在发展中国家和农村地区也受到关注，因为这些地区的居民往往缺乏便利的金融渠道。金融排斥的核心概念是指个人或群体因为各种原因无法获得适当的金融服务。简单来说，就是“无法以适当形式获取必要金融服务”。这种排斥可能表现在银行账户、信贷、储蓄、保险等基本金融产品的缺失。金融排斥既包括物理可及性的问题（例如偏远农村没有银行网点或ATM机），也包括经济可负担性问题（服务费率高昂等），还涉及制度和社会因素（例如缺少身份证明、信用记录不足，或因教育、文化原因主动放弃使用金融）。

概括而言，金融排斥的成因是多维度的，学者将其分类为多个类型，如：地理排斥，由于区域偏远或社区萧条，正规金融机构缺位或距离遥远；条件排斥，金融机构对开户或贷款设定的条件（如身份证明、最低余额、信用要求等）使某些人无法达标；价格排斥，金融服务成本过高（如账户管理费、贷款利率等），低收入者难以承受；营销排斥，金融产品设计和营销未考虑某些群体（如农村老年人）的需求，导致他们即使有能力也未被有效覆盖；自我排斥，一些群体由于缺乏信任或金融知识，主动避免使用金融服务，担心债务风险或感到被正规金融排斥。

上述因素往往交织作用，导致特定人群持续处于金融体系边缘。例如，在缺乏银行的地区，居民可能被迫求助于非正规高利贷，进一步陷入贫困陷阱。金融排斥理论主要观点是金融体系的运作具有一定的排他性倾向，如果完全由市场驱动，金融机构出于利润考虑往往倾向于服务城市、富裕和信用记录良好的客户，而将偏远地区、贫困人口视为高成本高风险而忽视。这导致“金融鸿沟”，即不同群体在金融机会上的巨大差距。此外，金融排斥被认为不仅是经济问题，也是社会问题，缺乏金融服务会限制个人积累储蓄和应对风险的能力，使贫困状态固化，并与教育、就业等其他社会排斥因素相互强化。

此外，数字化带来了新的排斥形式，不会使用智能手机或互联网的人群（如部分老年人）在数字金融时代面临新的障碍，即“数字鸿沟”下的金融排斥。如果不加干预，数字金融可能在提高总体效率的同时，加剧特定群体的边缘化。早期研究多集中在发达国家内部的不平等，如欧洲委员会在2000年前后开展金融排斥专题研究，将其纳入社会包容政策框架。进入21世纪，发展中国家的金融排斥受到重视，与减贫和发展金融学相结合。普惠金融理念的兴起可以视为对金融排斥的应对，即与其强调哪些人被排斥，不如积极倡导将金融服务“包容”所有人的理念。

金融排斥理论与金融包容性增长理论相互补充，一个侧重揭示问题，一个侧重解决方案。近年来，随着金融科技的发展，学界也关注技术如何缓解或加剧金融排斥：一方面，移动支付、互联网银行降低了服务成本，让偏远地区获益；另一方面，如果缺乏数字基础设施或技能，可能形成新的排斥。理论研究也逐渐深入微观层面，探讨金融排斥对家庭福利、社区发展的长期影响以及评估不同政策干预（如政府补贴基本账户、邮政银行服务、数字金融教育等）的有效性。各国政府和机构采取多种措施来减少金融排斥。在发达国家，常见做法包括立法要求银行提供基础银行账户（无最低余额、低费用），支持社区银行或信用合作社填补市场空白以及利用邮政网络提供银行服务。在欧盟，“人人享有基本银行账户”已被纳入指令，旨在确保任何合法居民都有权开立基本支付账户。

在发展中国家和地区，微型金融机构、移动金融服务发挥了重要作用，例如肯尼亚的M-Pesa让无银行账户的人能通过手机进行转账和存款。在我国，政府推动邮政储蓄银行下沉农村，同时大力发展农村数字普惠金融，让移动支付终端覆盖到村级，以解决农民贷款难、支付难的问题。这些实践表明，“政策支持+技术创新”可以逐步弥合金融鸿沟。不过，实现真正的金融普惠仍面临挑战，需要持续关注偏远地区的网络信号，提高居民金融知识等软硬件条件。

金融排斥理论为城乡融合发展指标体系提供逆向思考：从“哪些人在掉队”的角度提醒我们如何构建指标体系。此外，该理论凸显了数字基础设施指标的重要性，只有改善农村地区的网络覆盖和加强数字技能培训，才能避免数字金融排斥，真正实现城乡数字化融合。总的来说，金融排斥理论促使指标体系设计者关注那些最容易被忽视的群体（贫困、偏远、老龄人口）的金融参与度，确保在推进城乡融合和数字经济发展时同步推进公平维度，防止“木桶短板”限制整体发展。

（三）二元经济结构理论

二元经济结构理论首先由荷兰经济学家伯克提出，此后由发展经济学家刘易斯、拉尼斯、费景汉等进一步完善，是解释发展中国家经济转型的一种经典模型。二战后，不少新兴国家处于传统农业部门落后、现代工业部门尚在起步的阶段，呈现出城乡、工农两大板块迥异的发展状态。刘易斯在《有无限供给劳动力的经济发展》一文中提出“二元经济”概念，指出发展中国家的经济由传统部门和现代部门组成，二者生产率和收入水平存在巨大差异。

二元经济结构理论旨在阐释欠发达经济如何通过结构转型实现持续增长。在刘易斯模型中，传统部门通常指以自给性农牧业为主的农村部门，其特征是生产技术落后、劳动生产率低下，劳动力过剩导致边际劳动生产率接近于零；现代部门是指城市工业部门，采用资本密集型技术，生产率高并能提供高于传统部门的工资。二元结构的核心在于劳动力从传统部门向现代部门转移。由于传统部门存在大量“过剩劳动力”，这些劳动力转移到工业部门不会降低农业产出，反而能在工业部门创造更高的价值。工业部门利用廉价劳动力实现利润积累，再投资扩大生产，从而吸纳更多农业劳动力，形成经济增长的良性循环。这一过程将持续到传统部门的过剩劳动力耗尽、工资开始上涨为止，即达到所谓的“刘易斯拐点”。简言之，二元经济结构理论描绘了工业化带动劳动力再配置、推动经济从低均衡向高均衡跃迁的机制。

二元经济结构理论提出了以下几个重要观点。

第一，结构转型是经济发展的动力。落后的农业社会要走向现代化，必须经历产业结构重组和劳动力的跨部门流动，这是发展中国家增长的源泉。

第二，城乡收入差距在早期会扩大。由于工业部门工资高于农业部门，发展初期城乡差距扩大被视为正常现象，直到农村劳动力减少、农业工资提高才趋于缩小。

第三，资本积累和再投资是关键。工业部门利润用于再投资，扩大生产能力，这是吸收农村劳动力和提高整体生产率的必要条件。

第四，政府的作用。刘易斯模型假定市场机制即可推动上述过程，但现实中政府政策（如教育培训、基础设施建设）对加速劳动力转移和避免“陷阱”也很重要。

这些观点奠定了许多后续发展理论的基础，例如费—拉尼斯模型进一步形式化了刘易斯思想，强调农业剩余用于工业化的重要性。刘易斯二元经济结构理论自提出后，对各国发展战略影响深远。在20世纪五六十年代，许多发展中国家以工业化为核心目标，隐含地遵循刘易斯思路，通过城市工业优先发展来吸纳农村劳动力。然而，该模型也受到后来经济现实的检验和修正。20世纪后期，东亚各国以及我国经验表明，农业和乡村发展在转型初期同样重要，过度忽视农村可能导致城乡差距过大，影响社会稳定。因此，新结构经济学等理论强调同时重视农业生产率的提升和工业化。

总体而言，刘易斯模型开启了对发展中国家结构性问题的关注，其演进过程中融入了对人力资本、技术进步、制度等因素的考虑。例如，近年来学者探讨数字技术能否成为新时期消解二元结构的工具，通过数字产业和信息服务将就业机会带到农村，从而不再完全依赖劳动力迁移式的转型。

许多国家的发展历程可由二元经济结构理论加以阐释。东亚国家的工业化成功在很大程度上验证了刘易斯模式——农村剩余劳动力大量进入出口制造业，推动经济腾飞。而在非洲和南亚，一些国家尚未充分实现这一转移，农业人口比例依然很高，城市就业不足，显示二元结构依旧存在。我国的情况较为独特。计划经济时期城市工业优先发展形成了显著的城乡二元格局，改革开放后大量农村劳动力进城务工，被视为中国经济高速增长的人口红利体现。但同时，农村与城市在公共服务、收入上的差距也带来了新的挑战，需要通过新型城镇化和乡村振兴来深化转型。当前，各国普遍认识到，在后工业化时代，单纯依靠劳动力向城市单向流动已不可持续，更需要城乡互动和产业融合的新模式，以避免“发展极化”。例如，通过产业园区下乡、数字化赋能农业等方式，在农村地区就地创造现代部门就业，被认为是缩小二元差距的创新实践。

因此，二元经济结构理论为城乡融合发展的指标体系构建提供了宏观视角支撑。它提醒我们关注城乡之间经济要素配置的不平衡，如劳动力、资本在城乡间的流动状况等。该理论也预示了生产数字化、产业升级对于突破二元结构的重要意义。当数字经济在农村落地生根，传统与现代的界限将被打破，新的就业形态会模糊过去的二元分野。这为指标体系设计提供了方向，即关注农村地区现代经济要素的渗透程度。总之，二元经济结构理论帮助框定缩小城乡差距的路径和目标，在评价体系中应充分体现结构转型对融合发展的支撑作用。

（四）马克思主义城乡关系理论

马克思主义城乡关系理论从历史唯物主义视角出发，揭示资本主义社会中城市与乡村的不平等关系，并指明在未来共产主义社会应消除这种对立。19世纪中叶，马克思、恩格斯观察到工业资本主义造成了城乡分离和对立：工业和财富迅速向城市集中，乡村则被剥夺资源、陷入停滞。马克思在《共产党宣言》中将逐步消灭城乡差别列为未来共产主义革命的目标之一。这种思想源于对资本主义“城乡矛盾”的批判。资本为了积累，不断从农村汲取剩余价值，造成城乡发展失衡，城市成为“文明中心”，农村被边缘化甚至沦为被掠夺的对象。马克思主义认为，要实现人的解放，必须摒弃城乡对立，实现工业与农业、城市与乡村的协调发展。

1.马克思主义城乡关系理论的核心命题

（1）城乡对立的根源在于资本主义生产方式

资本主义使生产社会化、集聚于城市，同时把农村变成原料产地和剩余劳动力来源，形成“城市—乡村”剥削链条。

（2）城乡差距具有历史性

在前资本主义社会，城乡差别也存在但相对缓和。资本主义大发展时期，城乡差距空前扩大，表现为人口、财富、文化高度向城市倾斜，乡村凋敝。

（3）社会主义应消除城乡差别

马克思、恩格斯提出未来社会要“在全国范围内更为均衡地分配人口”，实现农业和工业的结合。恩格斯进一步指出，只有在消灭资本主义的前提下，通过尽可能均衡的居民分布和工业农业一体化，才能使乡村摆脱孤立和停滞状态。

（4）工农联盟与统筹发展

列宁主张无产阶级政权必须联合农民，“苏维埃政权+全国电气化”被认为是缩小城乡差距的途径。毛泽东依据中国革命的实际情况，强调“工人阶级领导、农民为主体”，也是对马克思主义城乡关系理理论的运用。

这些概念强调，城乡关系不是孤立的经济问题，而是关乎无产阶级革命和社会主义建设全局的社会关系问题。在马克思、恩格斯提出原则性论断后，后继的马克思主义者在不同实践中发展了城乡关系理论。苏联时期，列宁推行新经济政策（NEP）试图缓和城市对农村的剥夺，斯大林时期则通过农业集体化和工业化实现资源从农村向城市的集中，虽然加速了工业增长，但也造成农村的巨大牺牲。

中国探索过不同路径。中华人民共和国成立初期，沿用苏联模式优先发展重工业，以“剪刀差”从农业部门汲取积累，导致城乡差距扩大。后来，提倡“以农业为基础，以工业为主导”，尝试通过人民公社等形式在农村直接发展工业，缩小城乡差距。这些实践经验既有成功也有失误，为马克思主义城乡理论增添了现实注脚。改革开放后，中国逐步取消人民公社、引入市场机制，城乡关系出现新情况：农村生产力获得解放，农民收入提高，与此同时，城乡二元体制（户籍、福利等）也固化下来，形成新的城乡分隔。近年来，中共中央强调城乡融合和乡村振兴，这可以看作是对马克思主义城乡平等思想的回归和发展，即在新的历史条件下探索实现城乡共同富裕之路。

2.马克思主义城乡关系理论对诸多国家的政策产生深远影响

在社会主义国家，缩小城乡差距往往成为基本国策之一。例如，改革开放以来我国逐步实行“工业反哺农业、城市支持农村”的政策，近年来取消农业税、增加对农村的财政转移支付。政府有意识地调节资源配置，以实现城乡共同发展。在一些资本主义国家，虽然不以马克思主义为指导，但类似的思想催生了区域均衡发展的政策，如通过法律和财政手段支援落后乡村地区，也在一定程度上印证了城乡矛盾的客观存在及解决的必要性。当今我国的乡村振兴战略和新型城镇化建设，具体举措包括推进城乡基本公共服务均等化、引导人才和资金流向农村、建设数字乡村等，都是在实践中逐步消除城乡二元对立的努力，与马克思主义经典命题不谋而合。

马克思主义城乡关系理论为城乡融合发展评价指标体系奠定价值取向上的基础。它强调衡量城乡融合不能只看总体增长，还要看差异缩小。需要关注空间融合指标。马克思主义视角强调制度保障的重要性，因此在数字化时代，我们需评估城乡数字基础设施和政策支持的均等化程度，以确保技术进步不会重演城乡鸿沟。总之，这一理论为指标体系注入追求城乡平等发展的价值理念，确保评价体系不仅关注经济总量，更关注城乡共同发展和人民共享成果的实现。

（五）城乡融合发展理论

城乡融合发展理论是在破解城乡二元结构过程中形成的新理念与新理论，旨在实现城乡资源要素的双向流动和一体化发展。进入21世纪，城乡差距和二元体制问题日益凸显，中国开始探索城乡协调发展的新路径。在新型城镇化和乡村振兴战略的推动下，“城乡融合发展”概念逐步明确。特别是中共中央、国务院于2019年发布《关于建立健全城乡融合发展体制机制和政策体系的意见》，标志着城乡融合从政策到理论都上升到新的高度。学术界针对这一实践需求，系统总结提出了城乡融合发展理论。其背景可以概括为传统的以城市为中心的发展模式难以为继，必须转向城乡统筹的新范式，通过促进城乡要素平等交换和公共资源均衡配置，实现农村与城市共同繁荣。城乡融合发展理论的核心是在经济、社会、空间等方面将城市和乡村作为一个有机整体来规划和运行。城乡融合发展强调城乡之间不是此消彼长的关系，而是相互促进、共同发展的关系。

1.城乡融合发展理论的基本观点

（1）城乡互补共生

城市和乡村各有所长、相互依赖，例如城市提供资金、技术市场，农村提供土地资源和生态产品，融合发展可以释放双方潜力，实现优势互补。

（2）以人为核心的融合

融合发展不仅是物的流动，更强调城乡居民权利平等和自由迁徙，农民应平等分享现代化成果，市民也可享受乡村生态和空间福利。

（3）制度创新驱动

城乡融合不是自发完成的，需要通过政策和体制创新破除障碍，如建立城乡统一的户籍制度、土地市场、公共服务体系等。

（4）多领域统筹

融合发展涵盖经济结构调整、空间规划衔接、公共服务均等化、环境治理协同等诸多方面，要求政府统筹规划、分步实施。

简言之，该理论认为只有同步推进经济、社会、空间等全方位融合，才能实现真正的城乡一体化。城乡融合思想有其渊源，早期可追溯到20世纪80年代“小城镇战略”和“城乡统筹”理念，但真正上升为系统理论是最近十余年的事。随着国家层面出台城乡融合发展战略，理论界围绕融合的动力机制、实现路径和评价体系展开研究。一些研究侧重于要素流动机制，探讨土地、资本、人才如何在城乡间双向流通；另一些聚焦政策体系设计，提出要建立土地制度改革、财政投入保障、产业协同发展的政策框架。近年来的理论探索还涉及数字化背景下的城乡融合，如数字乡村建设如何赋能农村发展、城乡信息鸿沟如何弥合等，丰富了传统城乡融合理论的内涵。在演进过程中，理论与实践相互促进，各地纷纷设立城乡融合发展试验区，在土地审批、户籍改革、公共服务一体化等方面先行先试，为理论提供了宝贵经验和修正方向。可以说，城乡融合发展理论正随着中国城乡关系的新变化而不断完善，从理念逐步走向可操作的政策体系。

2.城乡融合发展理论在我国已进入实践阶段

国家层面出台城乡融合发展试验区政策，在若干地区试验土地指标跨城乡调整、产业园区共建、公共服务整合等举措。如推动城市医院、学校与农村基层机构组建联合体，实现优质资源下乡；再如发展“飞地经济”，在农村设立城市飞出的产业园区，共享税收和就业收益。这些创新实践体现了融合理念，不再把城市和乡村割裂对待，而是采取一盘棋布局、一盘棋统筹。此外，信息技术被广泛运用于城乡融合，如电商下乡使农产品直达城市消费者，城乡居民通过互联网平台共享服务等，大大缩短了城乡距离。在政策支持和科技驱动下，中国的城乡融合已从理念变为看得见的变化，农村居民生活方式日益城市化，城里人也开始向往田园生活、下乡创业。在融合发展实践的推动下，理论也在不断得到检验和丰富，走出了一条具有中国特色的城乡融合发展之路。

城乡融合发展理论对于构建城乡融合与数字化评价指标体系具有纲领性指导意义。城乡融合理论强调体制机制创新的重要性，这提示我们在数字化指标体系中也要关注制度保障，如城乡统一的数字治理机制、城乡居民数字素养差异缩小程度等，以衡量融合的深度。从应用层面看，城乡融合实践与数字基础设施和生产流通的数字化密切相关。数字技术可以成为城乡融合的新动力。城乡融合发展理论为指标体系提供整体框架和方向，使评价指标能够全面覆盖城乡经济、社会、空间和数字化各方面的融合程度，确保后续评价体系的科学性和完整性。

（六）新经济地理学理论

新经济地理学理论是关于经济活动空间分布及区域发展差异的理论。传统经济学对地理空间考虑不足，而现实中区域经济不均衡极为显著，大城市和沿海地区往往集聚了大部分产业和人口，边远地区和乡村则发展缓慢。为解释这种“核心—边缘”现象，克鲁格曼于1991年发表论文，开创“新经济地理学”，用现代经济学模型阐释了区域集聚与扩散的机制。其背景理念是，在运输成本下降、规模报酬递增的条件下，市场自身可能产生自我强化的区位优势，形成发达的经济核心和落后的经济边缘。新经济地理学以“核心—外围”模型为代表。

1.新经济地理学理论的核心概念

（1）中心和外围

由于各种初始优势，一些区域率先发展成为“核心”，其他区域发展滞后成为“边缘”。核心拥有产业和市场规模优势，边缘则缺乏动力，陷入依赖的地位。

（2）集聚力量与离散力量

集聚力量（向心力）包括规模经济效应、市场潜力效应、知识溢出等，使企业和劳动力向核心集中。离散力量（离心力）包括高地价、拥堵效应、生活成本上升等，推动部分要素向外转移。两种力量的博弈决定了产业和人口的空间分布。

（3）运输成本和规模报酬

当运输成本适中且工业有显著规模报酬时，集聚力量占优，经济活动向少数地区集中。反之，如果运输成本很高或很低（极端分散或无障碍），则不会出现明显的单极集聚。

（4）路径依赖与多均衡

区域经济布局一旦形成“核心—边缘”格局，具有自我强化效应，可能存在多个均衡状态——富者愈富、贫者愈贫的格局可能持续，除非外力介入改变条件。

新经济地理学通过上述概念，解释了为什么经济活动往往在空间上不均匀分布，并可能长期固化。

2.新经济地理学理论的主要观点

（1）区位优势自我强化

历史上偶然的区位优势（如临港、交通枢纽）可能通过累积因果过程放大为巨大的发展差距，一旦某地成为核心，其市场规模和就业机会又吸引更多企业和人才，进一步巩固其核心地位。

（2）均衡未必均衡

市场机制不会自动带来区域均衡发展，反而可能产生不均衡的均衡，即一部分地区高度发达，另一部分停滞也可成为稳定状态。

（3）交通与通讯成本

降低运输和通讯成本既可能加强集聚（因为扩大了核心市场腹地），也可能促进扩散（因为边缘地带更容易与中心连接）。其效应大小决定了经济活动是进一步向中心集中还是向外围扩散。

（4）政策影响

适当的区域政策（如基础设施建设、激励企业外迁等）可以影响集聚和扩散力量，实现更均衡的布局，但政策必须足够强才能扭转市场自发形成的“核心—边缘”格局。

这些观点挑战传统要素自由流动即可均衡发展的想法，强调空间经济过程中的正反馈机制。新经济地理学诞生后迅速发展，学者们构建各种模型探讨影响区域集聚的因素，如劳动力迁移、消费者偏好、政府支出等。与此同时，地理学界也提出批评，认为NEG模型虽然数学精巧，但忽视了制度、历史和文化因素对区域发展的作用。21世纪以来，新经济地理学与城市经济学、国际贸易理论相融合，例如“新新经济地理学”引入了企业异质性等因素，使理论更接近现实。克鲁格曼在2008年获得诺贝尔经济学奖，表明主流经济学对空间因素的认可。不过，理论研究也发现NEG模型在精确预测具体区域发展上有局限，其价值更多在于提供一种分析框架。对于我国这样的大国，NEG理论被引入来解释东中西部差距和“沿海—内地”格局，并与国内“梯度推进”发展战略等相印证。

3.NEG理论对各国区域发展政策产生了影响

欧盟在考虑一体化过程中，借鉴了空间经济学模型来评估基础设施建设（如跨欧交通网络TEN-T）对落后区域的带动作用。法国经济学家富际塔等也曾为日本提出产业空间布局建议，以缓解东京过度集聚的问题。中国在制定西部大开发、振兴东北等区域战略时，也体现出NEG的思路。通过改善交通、出台优惠政策，引导部分产业向内地转移，逐步缩小沿海与内陆的差距。同时，在城市群和都市圈规划中，强调中心城市与周边中小城市、乡村的联动发展，避免过度单极化。实践表明，一些交通改进（高速公路、高铁）确实促进了中小城市发展，验证了降低运输成本可增强扩散力量的理论。不过，一线城市的马太效应依然明显，说明“核心—边缘”格局不易打破，需要长期努力。新经济地理学的思想也应用于数字时代，通过发展数字基础设施，被寄希望于缩小地理距离对经济活动的限制，让边远地区也能参与全国乃至全球市场。

对于城乡融合与数字化指标体系而言，新经济地理学理论提供空间维度的关键支撑。首先，它强调基础设施和交通条件在区域融合中的作用，因此指标体系中应关注农村地区交通可达性、物流时效等指标，反映空间融合程度。其次，NEG揭示市场规模和要素流动对区域均衡的影响。新经济地理学理论启示，数字化可能成为改变传统空间格局的变量。

综上所述，新经济地理学为指标体系注入空间经济学视角，城乡融合不仅是社会经济问题，更是空间格局的优化问题，从而在指标上体现对空间公平和区域均衡的关注。

（七）数字经济价值理论

在索洛经济增长模型和新经济增长理论的基础上，伊达尔戈进一步提出，经济增长的核心在于信息的增长，即物理世界中有序结构的累积和扩展。他指出，信息不仅是知识的表征，更是指导资源配置与系统演化的底层驱动。因此，从本体论层面而言，数字经济对乡村经济发展的推动作用，其本质在于信息逻辑的嵌入——通过重塑城乡之间的信息获取、处理与传输机制，打破原有信息壁垒，实现资源要素在更大空间尺度上的优化配置。这种信息主导型的发展逻辑，标志着农业经济正在加速迈入以数字信息为核心的新型经济形态。

随着数字技术广泛嵌入城乡融合实践场景，数字经济的功能属性也在发生转变，从早期主要聚焦于推动农业生产方式现代化，逐渐演进为在更深层次上重塑城乡资源配置和制度结构的基础性力量。具体而言，数字经济首先在供需匹配机制上展现出显著优势。在传统城乡交易过程中，农产品作为“剩余产品”与城市“有效需求”之间的交易配对，受制于信息传递滞后、市场空间割裂等因素，存在严重的信息不对称问题。这种不对称不仅造成市场失灵，也抑制了要素的有效流动和价值释放。随着数字基础设施与移动终端的普及，城乡市场主体能够即时、低成本地获取价格、需求、供给等核心市场信息，从而降低交易成本，缓解“错配型无效交易”问题。

从价值创造的微观机制视角来看，数字经济主要通过降低信息不对称性来促进价值发现与实现。设想在传统交易中，生产者对商品拥有价格信息的垄断权，其生产成本为p0，而市场定价为p1，超额利润为p1 ~ p0。若消费者对该商品的心理预期价格为p2，在$p0<p2<p1$的条件下，生产者坚持高价则交易失败，从而降低了市场效率。在数字技术介入的场景中，借助大数据和实时反馈机制，生产者可迅速感知消费者意愿，将价格调整为p3，最终促成交易，实现消费者剩余p2 ~ p3与生产者利润p3 ~ p0的同步提升，完成帕累托改进。这种通过数字赋能实现的市场匹配优化，不仅提升交易效率，也扩大社会总体福利水平。在某些交易场景中可能存在$p2<p3$，即消费者的支付意愿

低于产品成本，此种情况下即便信息对称也难以成交。但数字经济所具备的规模效应与智能定制能力，能够有效重构交易条件。一方面，数字化、智能化的生产方式通过规模扩张降低边际成本，使p3有下降空间；另一方面，企业通过对用户偏好的深度挖掘与产品迭代，提升消费者对商品的认知价值，使p2上升为p21，最终满足p21>p3，从而完成潜在交易的激活。该过程实质上体现了数字经济通过优化信息结构与产品适配，拓展交易边界、释放消费潜力的价值创造逻辑。

数字经济不仅是技术手段的集合，更是重塑城乡市场关系、优化要素配置效率的重要力量。上述机制揭示了数字经济在数字化发展中的关键功能在于提升市场效率、打破信息壁垒与释放潜在交易价值。将数字经济价值理论纳入数字化评价体系设计，有助于更全面地理解数字化的实质性进步路径，启发数字化发展中流通信息化的重要性，也为后续政策干预与数字化提升提供科学支撑。

（八）信息经济理论

信息经济理论研究信息和知识在经济中的地位和作用，揭示经济由工业主导向信息主导转型的规律。20世纪中叶，发达国家出现服务业和知识密集型产业迅速增长的趋势，学者开始意识到经济形态发生了深刻变化。1962年，美国经济学家马赫卢普出版《美国知识的生产和分配》，首次量化“知识产业”的规模，提出知识和信息已成为重要经济资源。此后，丹尼尔·贝尔在1973年提出“后工业社会”理论，强调劳动力从制造业转向信息服务业是社会发展的新阶段。同一时期，马尔克·波拉特将“信息经济”定义为以信息产业为主体的经济形态。随着教育普及、科技进步和通信技术的发展，信息逐渐取代物质商品成为经济增长的核心要素之一，经济活动的重点从“生产物”转向“处理信息”。

1.信息经济理论的关键概念

（1）信息产业

信息产业指从事信息生产、处理和分配的产业，包括电信、计算机、媒体、教育、科研等。这些产业在信息经济中占据主导地位。

（2）知识劳动者

管理学者德鲁克提出“知识工作者”概念，相对于传统体力劳动者，知识工作者以头脑和信息为工具创造价值，如程序员、分析师、研究员等。知识劳动在信息经济时代成为主要就业形式。

（3）信息商品特性

信息作为商品具有非竞争性和非排他性（多人同时使用不损耗，且难以排除他人使用）以及强外部性（信息扩散会对他人产生影响）。这与传统实物商品不同，价值评价和市场机制需要特殊考虑。

（4）信息不对称

信息经济理论还涵盖微观层面的内容，即市场交易中买卖双方信息不对称造成的现象。Akerlof关于“柠檬市场”的分析展示了信息不对称如何导致市场失灵，丰富了信息经济理论的内涵。

（5）信息社会

信息经济常被置于社会发展阶段的宏观视角，当信息产业和知识工作者成为社会主体时，人类进入“信息社会”，其特征是知识更新加快、创新成为主要驱动力、传统工业边际地位下降。

2.信息经济理论的主要观点

（1）信息是关键经济资源

土地、劳动力、资本之外，信息（以及知识）被视为第四类关键资源。

获取、处理和应用信息的能力决定了企业和国家的竞争力。这在现代经济中体现为研发投入、高等教育、IT基础设施对于经济发展的极端重要性。

（2）经济结构服务化、知识化

信息经济理论预测并解释了产业结构从以制造业为中心转向以服务业（尤其是知识性服务业）为中心的趋势。也就是说，GDP和就业中信息含量高的行业比重不断上升，制造业本身也日益信息化。

（3）规模报酬与网络效应

处理和传播信息的成本随技术进步快速下降，信息产品往往具有强规模效益（如软件研发成本高但复制成本低）以及网络效应（用户越多价值越大），导致信息经济出现寡头垄断或自然垄断趋势。

（4）信息与决策优化

信息的丰富和及时能提高资源配置效率，减少决策盲目性。宏观上，政府可以通过统计和信息系统更好地调控经济。微观上，企业利用市场信息优化生产经营。然而，也存在信息过载、虚假信息等挑战，需要完善信息筛选和信用机制。

（5）终身教育和人力资本

信息经济要求劳动者不断学习以跟上知识更新，教育被视为投资而非消费，人力资本积累成为增长的核心。信息经济理论在过去几十年不断丰富。20世纪70年代后，随着计算机和互联网的出现，该理论与实践更加紧密结合：一方面，创新理论与信息经济结合，强调知识创新和扩散在经济增长中的作用；另一方面，新制度经济学纳入信息因素，研究产权、交易成本如何受信息影响。

2001年，三位经济学家因对信息不对称的研究获诺贝尔经济学奖，标志着信息经济学成为主流经济学的重要分支。进入互联网时代，信息经济理论进一步发展为数字经济理论，可视为信息经济理论在新技术条件下的延伸。当代信息经济理论还关注全球信息流动对国家经济的影响、大数据和AI对决策模型的改变等新课题。总的来说，从早期关于产业结构的宏观讨论，到深入微观机制的信息经济学，再到当前数字时代的各种新议题，信息经济理论已经形成了庞大的知识体系。

信息经济已经成为许多国家经济的主体部分，理论也指导着各国的发展政策。美国、欧洲等发达经济体在20世纪末陆续进入信息经济阶段，高科技产业和知识服务业成为经济增长的主引擎。这些国家政府投入大量资源于科研和高等教育，营造有利于创新和信息流通的环境，如建设科技园区、开放政府数据、支持传媒和创意产业。发展中国家也在努力追赶信息经济浪潮，通过发展ICT产业和培养人才来实现“跨越式”发展。印度大力发展IT服务外包业，成为全球信息服务的重要基地。中国推进“互联网+”行动，互联网经济规模居世界前列，并布局人工智能和5G等战略性信息产业。此外，各行各业都在实施信息化、数字化转型，提高运营效率和市场响应速度。各国政府推行电子政务，提高行政效率和透明度。许多实践已经验证了信息经济的预见：信息技术的普及深刻改变了生产和生活方式，信息产业和知识劳动者成为经济活动的中心。

信息经济理论对于城乡融合和数字化指标体系构建具有基础性的指导意义。信息经济理论强调信息获取和利用能力的重要性，认为知识产业和信息服务是经济发展的重点，重视人力资本和教育。信息经济理论为数字化中流通的数字化部分提供重要支撑，在更高层面指导数字化指标体系的构建。

以上几种理论从不同侧面为城乡融合与数字化评价指标体系的提供坚实的理论支撑。可以说，这些理论共同构成一个完整的知识体系，既涵盖城乡融合发展的多个维度，又让数字变发展得到深化。其为后续评价指标体系的构建提供多层次、多角度的理论依据，确保所构建的指标体系科学合理、内涵丰富，能够全面反映城乡融合发展的进程和成效。

三、本章小结

本章围绕“城乡融合”与“数字化”两大核心概念，系统梳理了其历史演进、内涵扩展与理论支撑，旨在为后续评价指标体系的构建提供坚实的理论基础和概念框架。

首先，对城乡融合的历史演变进行了阶段性划分，揭示我国城乡关系由二元割裂逐步走向协调互动、融合发展的动态历程。从计划经济体制下的二元结构、改革开放后的调整与初步融合，到统筹城乡发展和全面融合的新时代转型，城乡融合已从资源再分配工具演变为实现农业农村现代化与国家整体现代化的重要路径。在融合内涵上，城乡融合不仅体现在经济协同与要素双向流动，也包括空间格局重塑、人口均衡流动、生态共建共享与社会制度协同等多维度内容，体现出城乡融合由“结构性”转向“系统性”的深度转型特征。

其次，数字化的内涵已从早期的信息化与技术工具使用，拓展为涵盖数字基础设施、生产数字化与流通数字化三位一体的系统性发展体系。在数字中国战略引领下，数字化已成为城乡融合的基础性支撑力量，重构了城乡要素配置机制、空间联系形态与公共服务供给模式。然后选取具有代表性的理论范式，为指标体系构建提供了多层次的理论支撑。金融包容性增长理论与金融排斥理论共同指出，城乡融合不仅需要关注金融服务覆盖的广度，更需要重视其公平性与可达性，强调“谁被纳入”与“谁被排斥”的双重维度。

二元经济结构理论则从宏观结构转型角度揭示城乡融合的经济基础，提出劳动力与资本的双向优化配置是打破二元格局的核心路径。马克思主义城乡关系理论提供了价值取向上的指引，强调城乡融合的最终目标是实现发展成果全民共享。城乡融合发展理论则作为统领性框架，明确了融合发展的多元内涵与政策机制，强调制度创新与要素协同的协同推进。新经济地理学理论则从空间结构视角剖析区域差异与融合的动力机制，为融合评价提供空间经济学的分析工具。

在数字化相关理论中，数字经济价值理论强调信息结构优化与交易效率提升所带来的制度重构功能，而信息经济理论则从更宏观的层面确立了信息资源在数字化与现代经济中的核心地位，明确指出数字能力与信息素养是衡量融合质量的重要标尺。

综上，本章通过概念界定与理论综述两个维度，不仅厘清了城乡融合与数字化的历史背景与多维内涵，也为后续评价指标体系的科学构建提供了概念基础与理论逻辑支撑。特别是在多理论交叉融合的基础上，本研究将进一步构建契合区域特色、符合系统性逻辑的城乡融合与数字化发展指标体系，从而为实现区域协调发展与共同富裕目标提供量化工具与政策依据。

第三章　内蒙古城乡融合发展的时空分析

一、内蒙古城乡融合指标体系构建

为评估内蒙古城乡融合水平，应综合考虑内蒙古12个盟市的综合发展状况，制定一套科学合理的评价体系。内蒙古的城乡融合涉及城市和乡村各产业、各维度的相互融合，因此评价体系不能简单套用城市或乡村的发展标准，而需要基于两者融合的实际情况量身定制。在参考《内蒙古自治区国民经济和社会发展第十四个五年规划和2035年远景目标纲要》《内蒙古自治区2023年新型城镇化和城乡融合发展重点任务》以及学者研究成果的基础上，可以构建一个融合内蒙古12盟市特点、乡村振兴和城乡融合发展理念的评价体系。评价体系包括5个维度，涵盖14个具体指标，旨在全面评价内蒙古城乡融合水平。

二、指标体系构建原则

（一）代表性原则

要求每个评估指标都具备典型性，能够充分反映经济、社会和生态系统之间的相互作用，并最大程度地展现内蒙古城乡融合发展的特征、优势及发展状况。通过选取具有代表性的指标，可以全面而精准地捕捉内蒙古城乡融合的关键特点，为评估提供可靠的数据支撑。

（二）科学性原则

科学性原则作为构建指标体系的首要条件和指导思想，强调在深入掌握内蒙古城乡发展现状的基础上，明确各盟市城乡发展的历史轨迹，并以客观、准确、全面的方式选取指标，同时设定明确的评估目标。遵循科学性原则有助于提高指标体系的可信度和可操作性，确保评估结果的客观性和公正性，为后续政策制定提供科学依据。

（三）系统性原则

要求在评价城乡融合发展时，全面考虑城乡发展涉及的经济、生态和社会系统的各个方面，建立系统化的评价框架。在构建内蒙古城乡融合发展指标评价体系时，需统筹各指标之间的相互关联，注重指标体系的整体性，以充分体现系统性原则。通过遵循系统性原则，可以保证指标体系的科学性、全面性和可操作性，避免孤立或片面地评估某个单一指标。

（四）可操作性及可获得性原则

强调在评价指标体系的构建过程中，应选择可量化、具有通用性和独立性的典型指标，尽可能以精简而全面的方式反映最关键的信息。同时，考虑到内蒙古12个盟市的实际情况，选取的指标应易于获取，并能清晰地阐明问题，为高质量发展的调控和监测提供指导。遵循可操作性及可获得性原则，有助于构建一个更加科学、实用和有效的评价指标体系，提高其在实际工作中的应用价值。

三、评价指标体系的确定

本研究依据上述原则构建一个多层次的评价指标体系，共分为4个层次：目标层、一级指标层、二级指标层及三级指标层。目标层旨在评估内蒙古城乡融合发展的总体水平，并揭示其时空格局特征。一级指标层包含5个评价标准，反映内蒙古城乡融合发展的5个主要方面，即经济融合、空间融合、人口融合、生态融合、社会融合。二级指标层由14个状态表征指标组成，涵盖城乡居民可支配收入比、非农产业产出比、交通密度、土地和人口城镇化水平、产业就业结构、城市绿化程度以及医疗保障覆盖等。三级指标层则提供了具体的计算方法，用于量化二级指标的表现。以上层次分明的指标体系能够全面、系统地评估内蒙古城乡融合发展状况，为政策制定和实施提供科学依据。

经济融合程度是衡量城乡融合水平的关键指标。经济融合是城乡融合的基础和驱动力。经济发展水平直接影响城乡居民的生活质量和福祉，也决定了城乡间要素流动的规模和方向。高度的经济融合能够促进资源的有效配置，推动城乡产业结构优化，提升整体经济效率。此外，经济融合程度反映出城乡发展的均衡性。比较城乡居民收入水平、消费水平、产业产出比等经济指标，可以直观地评估城乡发展差距，为缩小城乡发展差距提供依据。同时，经济融合是其他领域融合的重要保障。良好的经济基础为基础设施建设、公共服务均等化、社会保障体系完善等提供了必要的物质条件，进而推动社会、文化、生态等多方面的城乡融合。经济融合水平直接影响城乡居民的获得感和幸福感。缩小城乡收入差距、提高农村居民消费能力、增加农村就业机会等，都能显著改善农村居民的生活水平，促进社会和谐稳定。

综上所述，经济融合程度在城乡融合水平评价中占据关键地位，不仅直接反映了城乡融合的实质性进展，还与其他融合维度密切相关，是全面评估城乡融合发展水平的核心指标之一。

（一）评估内蒙古城乡融合的经济水平

评估内蒙古城乡融合的经济水平需要考虑二级指标城乡居民可支配收入、城乡居民人均消费支出比和非农产业产出比三个方面。

1.城乡居民可支配收入比

城乡居民可支配收入比作为衡量经济融合程度的核心指标，不仅直接反映了城乡经济发展的差距，还与居民生活质量、经济结构、政策效果和社会稳定等多个方面密切相关。因此，在评估城乡经济融合程度时，该指标具有不可替代的重要地位。城乡居民可支配收入比直接反映城乡居民收入差距的程度。可支配收入是衡量居民实际生活水平的核心指标，通过比较城乡居民的可支配收入，可以清晰地展现城乡经济发展的不平衡状况。这一比值越接近1，表明城乡收入差距越小，经济融合程度越高。此外，城乡居民可支配收入比是衡量城乡居民生活质量差异的关键指标。可支配收入直接影响居民的消费能力和生活水平，因此，这一指标能够反映城乡居民在教育、医疗、文化等方面的消费潜力差异，进而揭示城乡生活质量的差距。因此属于正向指标。

计算公式：

城乡居民可支配收入比=城市居民可支配收入/农村居民可支配收入

2.城乡居民人均消费支出比

城乡居民人均消费支出比作为衡量经济融合程度的重要指标，不仅直接反映了城乡生活水平的差距，还与经济结构、消费模式、市场融合、公共服务均等化和社会福利等多个方面密切相关。城乡居民人均消费支出比指标直接反映城乡居民生活水平的差距。消费支出是衡量居民实际生活质量的重要指标，比收入更能真实反映居民的生活状况。通过比较城乡居民的人均消费支出，可以更准确地评估城乡生活水平的差异，从而揭示经济融合的实际程度。同时，该指标可以反映城乡居民的消费能力和消费潜力。消费能力不仅与当前收入相关，还受到预期收入、社会保障等因素的影响。通过监测城乡消费支出比的变化，可以评估城乡居民消费能力的差距，预测未来消费潜力的变化趋势，为制定相关经济政策提供依据。此外，城乡居民人均消费支出比是评估城乡市场融合程度的重要参考指标。消费水平的趋同意味着城乡市场需求的逐步融合，这对于推动产业布局优化、促进城乡经济良性互动具有重要意义。因此，该指标属于负向指标。

计算公式：

城乡居民人均消费支出比=农村居民人均消费支出/城镇居民人均消费支出

3.非农产业产出比

非农产业产出比不仅反映出产业结构优化和农村经济多元化程度，还与城乡要素流动、居民收入、就业结构、产业链整合和现代化水平等多个方面密切相关。因此，在评估城乡经济融合程度时，该指标具有不可或缺的重要地位，为全面了解城乡融合发展状况提供了关键依据。

首先，非农产业产出比指标代表产业结构的优化程度。随着经济发展和城乡融合的推进，非农产业在整体经济中的比重通常会增加。这一过程体现了经济结构从以农业为主向工业化、现代化转型的趋势，是经济发展和城乡融合的重要标志。

其次，非农产业产出比能够揭示农村经济的多元化程度。随着城乡融合的深入，农村地区不再局限于传统农业生产，而是逐步发展工业、服务业等非农产业。这一指标的提高意味着农村经济结构的多元化，有利于提高农村经济的抗风险能力和可持续发展能力。

最后，非农产业产出比的提高有助于促进城乡产业链的整合。随着农村非农产业的发展，城乡产业链的联系更加紧密，有利于形成城乡一体化的产业体系，推动区域经济的协调发展，因此非农产业产出比为正向指标。

计算公式：

非农产业产出比=第二产业GDP+第三产业GDP/GDP

（二）评估内蒙古城乡融合的空间融合程度

选择空间融合作为衡量内蒙古城乡融合水平的一级指标具有重要意义。评估空间融合水平，可以全面了解内蒙古城乡融合发展状况，为制定和完善相关政策提供科学依据，推动内蒙古城乡协调发展和区域可持续发展。

首先，空间融合反映了城乡物理空间的互动和整合程度。内蒙古幅员辽阔，城乡分布广泛，空间融合直接体现了城乡之间的物理联系和空间布局优化，是城乡融合的直观表现。评估空间融合水平，可以了解城乡之间的空间障碍是否被有效消除，为促进城乡要素自由流动提供基础条件。

其次，空间融合是其他融合形式的重要载体。经济、社会、文化等方面的融合往往需要依托空间融合来实现。例如，城乡产业布局优化、公共服务设施共享、文化交流等都与空间融合密切相关。因此，空间融合水平在很大程度上决定了其他融合形式的深度和广度。

最后，空间融合与生态环境保护密切相关。内蒙古是我国重要的生态屏障，合理的空间融合有助于协调城乡发展与生态保护的关系，实现可持续发展。评估空间融合水平可以为制定生态友好型的城乡发展策略提供参考。

评估内蒙古城乡融合的空间融合程度需要考虑交通密度、城乡空间扩张及土地城镇化水平三个方面。二级指标的具体意义如下。

1.交通密度

交通密度作为衡量空间融合程度的关键指标，不仅直接反映了城乡之间的物理连接程度，还与经济发展、公共服务、空间结构优化等多个方面密切相关。交通密度直接反映城乡之间的连接程度。高密度的交通网络意味着城乡之间的物理距离被有效缩短，促进了城乡空间的紧密联系。在内蒙古这样地域辽阔的地区，完善的交通网络对于打破城乡空间隔阂尤为重要。此外，交通密度还与区域经济发展密切相关。完善的交通网络有助于降低物流成本，提高经济效率，促进产业布局优化。同时，交通密度代表城乡空间结构的优化程度。随着交通网络的完善，城乡空间格局逐渐从点状分布向网络化、一体化方向发展，促进了城乡空间的有机融合。因此，交通密度为正向指标。

计算公式：

交通密度=公路里程/土地面积

2.城乡空间扩张

城乡空间扩张不仅能直接反映出城乡空间形态的变化，还与土地利用、人口分布、经济活动、公共服务等多个方面密切相关。

首先，技术进步对畜产品质量的改善起到关键作用，包括优化饲料配方、改进养殖环境、提高动物健康管理等，使畜产品在品质、安全性和营养价值方面得到提升。

其次，城乡空间扩张代表城乡界限的模糊化。随着城市向外扩张和农村城镇化的推进，传统的城乡二元空间格局逐渐被打破，形成城乡过渡带和城乡融合区。空间形态的变化直接体现了城乡融合的物理过程。

此外，城乡空间扩张影响人口分布和流动模式。在城市空间的扩张和乡村城镇化的推进过程中，人口分布呈现出新的特征，如城市郊区化、乡村人口集聚等特征，能直接影响城乡人口结构和社会融合程度。因此，城乡空间扩张应作为正向指标。

计算公式：

城乡空间扩张=农作物播种面积／建成区面积

3.土地城镇化水平

科学评估土地城镇化水平是推动内蒙古城乡协调发展和可持续城镇化进程的重要指标。

一是土地城镇化水平与经济结构转型密切相关。土地城镇化往往伴随着产业结构由农业主导向工业、服务业主导转变。通过观察土地城镇化水平，可以间接反映一个地区的产业结构优化和经济转型程度，这是城乡经济融合的重要方面。

二是土地城镇化水平代表土地利用方式的转变。在城镇化进程中，大量农村土地转变为城镇建设用地，这一过程不仅改变了土地的物理形态，也带来了土地功能和价值的根本性转变。这种转变是城乡要素重新配置的重要体现。

三是土地城镇化水平是评估城镇化质量的重要参考。过快的土地城镇化可能导致土地资源浪费和生态环境破坏，而合理的土地城镇化则有利于促进城乡协调发展。因此，这一指标不仅直接反映城镇化的速度，更代表城镇化的质量。因此，土地城镇化水平为正向指标。

计算公式：

土地城镇化水平=建成区面积／土地总面积

（三）评估内蒙古人口融合程度

人口融合在促进城乡融合发展中扮演重要角色。人口融合对于促进区域协调发展具有特殊意义，不仅有助于缓解城乡发展不平衡问题，也有利于促进民族地区与其他地区的融合发展。

第一，人口融合是城乡融合的核心内容之一。城乡融合的根本目的是实现城乡居民的共同富裕和生活质量的普遍提高。人口融合代表城乡居民在生活方式、价值观念、社会地位等方面的趋同程度，是城乡融合最直接、最本质的体现。

第二，人口融合是产业融合之基。随着人口在城乡间的自由流动和融合，传统的城乡产业分工逐渐被打破，形成的新产业链和价值链。这种产业融合不仅提高了整体经济效率，也促进了城乡经济结构的优化。

第三，人口融合有助于消除城乡二元结构。长期以来，城乡二元结构是制约城乡融合发展的主要障碍。人口融合通过打破户籍、就业、社会保障等方面的壁垒，有助于逐步消除二元结构。

评估内蒙古人口融合程度需要考虑二级指标，人口城镇化水平，第二、第三产业就业人员占比及城市人口密度。二级指标具体意义如下。

1.人口城镇化水平

人口城镇化水平在衡量人口融合时能直接反映出城乡人口分布的变化，还与经济结构、公共服务、社会结构等多个方面密切相关。

首先，人口城镇化水平直接反映了城乡人口分布的变化。该指标通常表示城镇常住人口占总人口的比例，其增长直接体现了人口从农村向城镇的转移过程。

其次，人口城镇化水平与经济结构转型密切相关。人口向城镇集中，伴随着产业结构由农业主导向工业、服务业主导转变。通过测度人口城镇化水平，可以间接反映地区的产业结构优化和经济转型程度。

最后，人口城镇化水平是评估城镇化质量的重要参考。合理的人口城镇化有助于优化人口分布，提高资源利用效率。特别是在内蒙古这样地域辽阔、人口分布不均的地区，人口城镇化水平的变化对区域发展平衡具有重要影响。因此，人口城镇化水平为正向指标。

计算公式：

人口城镇化水平=城镇人口/年末总人口

2.第二、第三产业就业人员占比

第二、第三产业就业人员占比是衡量人口融合程度的关键指标，不仅代表产业结构的转型，更是城乡融合多个维度的综合体现。第二、三产业就业人员占比是劳动力市场一体化程度的检测器。这一比例的提高意味着更多的农村劳动力进入城镇就业或在本地从事非农产业，推动城乡劳动力市场的融合。融合不仅体现在就业机会上，还包括工资水平、社会保障等方面的趋同。同时，该指标与技能和知识的传播密切相关。第二、第三产业通常要求较高的技能水平和知识储备，农村人口向这些产业转移的过程中，必然伴随着技能提升和知识积累。人力资本提升是人口在素质层面融合的重要体现。因此，第二、第三产业就业人员占比是正向指标。

计算公式：

第二、第三产业就业人员占比=第二、第三产业就业人数/地区总就业人数

3.城市人口密度

城市人口密度作为评估人口融合程度的关键指标，其重要性体现在多个维度。

首先，城市人口密度直接反映出人口空间集聚的强度，是城乡人口流动和重新分布的量化表现。

其次，该指标与经济活动密度、公共资源配置效率和社会交往频率呈现显著相关性，从而成为衡量城市对周边区域辐射能力的重要参考。

此外，城市人口密度变化还揭示了土地利用效率和城镇化质量，对于内蒙古这类幅员辽阔、生态环境敏感的地区尤为重要。通过系统分析城市人口密度的动态变化，可以深入洞察内蒙古城乡人口融合的进程和特征，为制定科学的城镇化政策和区域发展战略提供实证依据，从而推动城乡协调发展和区域一体化进程。因此，城市人口密度为正向指标。

计算公式：

城市人口密度=地区总人口／地区总面积

（四）评估内蒙古生态融合水平

生态融合是城乡融合发展的重中之重。

第一，生态融合是实现可持续发展的基础，通过协调城乡生态系统，构建人与自然和谐共生的发展模式。

第二，生态融合在优化城乡空间结构、提升区域竞争力和促进产业转型升级方面发挥着关键作用。

第三，生态融合是缩小城乡差距、提高资源利用效率的重要手段，同时也是应对气候变化和环境风险的有效策略。内蒙古是生态环境敏感、资源禀赋独特的地区，生态融合对于实现城乡协调发展和构建可持续发展模式具有重大战略意义。因此，在制定城乡融合发展策略时，应将生态融合置于核心位置，统筹考虑生态、经济和社会效益，推动城乡融合向更高质量、更可持续的方向发展。

评估内蒙古生态融合水平需要考虑二级指标建成区绿化覆盖率、人均公园绿地面积等。二级指标的具体含义如下。

1.建成区绿化覆盖

系统分析和提升建成区绿化覆盖率，可以有效推动城乡生态融合，为实现区域协调发展和生态文明建设提供重要实证依据，从而促进城乡系统向更高质量、更可持续的方向发展。

首先，建成区绿化覆盖率直接反映城市生态环境质量和城市与自然生态系统的融合程度。

其次，建成区绿化覆盖率指标与城市宜居性、微气候调节能力和生态服务功能密切相关，是评估城市可持续发展能力的重要参考。

此外，建成区绿化覆盖率还能体现城市规划管理水平和资源利用效率，是衡量城市发展与生态保护的平衡状态的重要参考。因此，建成区绿化覆盖率为正向指标。

计算公式：

建成区绿化覆盖率=建成区绿化面积／建成区面积

2.人均公园绿地面积

在评估城乡生态融合水平时，人均公园绿地面积作为一个核心指标具有多重意义。人均公园绿地面积能够量化城乡生态福利分配均衡性和生态空间的质量特征。此外，人均公园绿地面积指标还代表城乡生态系统的整体性和连贯性，为衡量城乡发展模式的生态化程度提供了客观依据。人均公园绿地面积与城乡环境质量和公共服务均等化程度存在显著相关性，同时，对居民的生态意识和行为模式产生潜移默化的影响。对人均公园绿地面积进行系统性分析和战略性优化，能推动区域生态文明建设和可持续发展战略的深入实施，最终促进城乡系统向更高质量、更具韧性的方向转型。因此，人均公园绿地面积是正向指标。

计算公式：

人均公园绿地面积=公园绿地面积／年末总人口

（五）评估内蒙古社会融合水平

社会融合作为城乡融合发展的核心要素，不仅直接关系到城乡居民的福祉和社会公平，还与区域整体发展水平、治理效能和可持续发展能力密切相关。

首先，社会融合是城乡二元结构转型的关键。社会融合直接涉及城乡居民在权利、机会和社会保障等方面的平等化，是打破城乡壁垒、实现社会公平正义的重要途径。推进社会融合，可以有效消除制度性障碍，促进城乡要素的自由流动和优化配置。

其次，社会融合是提升区域社会资本的重要手段。社会融合通过促进城乡居民的交往、互信和协作，增强社会凝聚力，为区域发展提供重要的非物质支持。

最后，社会融合是实现可持续发展的重要保障。社会融合通过促进城乡居民生活方式的趋同和环境意识的提升，有助于形成可持续的生产生活模式，为区域长远发展奠定基础。

评估内蒙古社会融合水平需要考虑二级指标城乡社会保障、城乡医疗保障及城乡教育保障。二级指标的具体含义如下。

1.城乡社会保障

城乡社会保障作为衡量社会融合程度的关键指标，其理论基础和实践意义值得深入探讨。从理论视角来看，城乡社会保障水平的趋同性不仅反映出社会公平正义的实现程度，还体现了城乡二元结构的转型动态。这一指标与社会风险分担机制、人口流动自由度和公共服务均等化程度存在内在关联，同时也蕴含了社会资本积累和政府治理能力的信息。此外，将城乡社会保障纳入社会融合评估体系，有助于揭示城乡融合的内在机理，为构建更加公平、可持续的区域发展模式提供理论指导和实践参考。因此，城乡社会保障指标为正向指标。

计算公式：

城乡社会保障=政府社会保障和就业支出/一般预算支出

2.城乡医疗保障

城乡医疗保障作为衡量社会融合水平的核心指标，不仅有助于揭示城乡社会融合的动态过程，还为构建更加公平、可持续的社会发展模式提供了理论基础和实践指导。

首先，从公平正义的角度来看，城乡医疗保障水平的均等化程度直接反映出基本医疗权利在城乡间的分配状况。不仅能体现出社会公平的实现程度，还揭示出城乡二元结构在医疗卫生领域的转型进程。

其次，从人口流动的角度分析，医疗保障的一体化是消除城乡人口流动障碍的重要因素。统一的医疗保障体系可以降低人口流动的制度性成本，促进劳动力市场的整合，从而推动社会融合的深化。

最后，从政府治理能力的角度来看，城乡医疗保障水平反映出政府在推动城乡融合发展方面的能力和决心。医疗保障体系的设计和实施涉及复杂的制度安排和资源调配，其一体化程度充分体现出政府治理的现代化水平。因此，城乡医疗保障是正向指标。

计算公式：

城乡医疗保障=乡村医生和卫生员人数／总卫生员人数

3.城乡教育保障

对于内蒙古这样地域广阔、民族多元的地区，推进城乡教育保障体系的融合具有特殊的战略意义，不仅关系到区域人才培养和经济发展，还与民族团结和文化传承密切相关。从社会公平正义的角度来看，城乡教育保障水平的均等化程度直接反映教育资源在城乡间的分配状况。指标不仅能体现机会平等的实现程度，同时揭示城乡二元结构在教育领域的转型进程。教育作为社会流动的重要渠道，其均等化对于打破阶层固化、促进社会融合具有根本性作用。此外，从文化认同的视角来看，城乡教育保障水平的趋同有助于形成共同的价值观和文化认同。文化融合为更深层次的社会融合奠定思想基础，对于构建和谐社会具有深远影响。综上，城乡教育保障为正向指标。

计算公式：

城乡教育保障人数=城乡中学毕业人数+小学毕业人数

指标属性说明如下。

正向化指标：正向化指标促进内蒙古城乡融合发展，数值越大说明对内蒙古城乡融合发展越有利。

负向化指标：负向化指标不利于内蒙古城乡融合发展，数值越大说明对内蒙古城乡融合发展越不利。

表1　城乡融合发展水平指标体系

目标层	一级指标	二级指标	三级指标	属性
城乡融合发展水平	经济融合	城乡居民可支配收入比	城市居民可支配收入 / 农村居民可支配收入	+
		城乡居民人均消费支出比	农村居民人均消费支出 / 城镇居民人均消费支出	-
		非农产业产出比	第二产业 GDP+ 第三产业 GDP/GDP	+
	空间融合	交通密度	公路里程 / 土地面积	+
		城乡空间扩张	农作物播种面积 / 建成区面积	+
		土地城镇化水平	建成区面积 / 土地总面积	+
	人口融合	人口城镇化水平	城镇人口 / 年末总人口	+
		第二、第三产业就业人员占比	第二、第三产业就业人数 / 地区总就业人数	+
		城市人口密度	地区总人口 / 地区总面积	+
	生态融合	建成区绿化覆盖率	建成区绿化面积 / 建成区面积	+
		人均公园绿地面积	公园绿地面积 / 年末总人口	+
	社会融合	城乡社会保障	政府社会保障和就业支出 / 一般预算支出	+
		城乡医疗保障	乡村医生和卫生员 / 总卫生员人数	+
		城乡教育保障	城乡每万人拥有中小学个数	+

四、内蒙古城乡融合发展水平的评价方法

（一）研究方法选取

在进行研究方法选择时，需要全面考虑融合水平评估、时间特征分析和空间特征研究等多个维度。针对发展水平和时间特征分析，现有的方法体系已相对成熟。本研究采用主客观相结合的评价方法，既保留主观评价的灵活性，又兼顾客观评价的严谨性，同时充分利用专业知识、实践经验和定量数据。这种综合方法有助于降低偏见，提高评估结果的全面性和可靠性。经

过审慎考虑，本研究选择熵值TOPSIS法来测度内蒙古城乡融合发展水平及其时间特征。然而，由于对内蒙古12盟市城乡融合发展的内在联系尚未完全掌握，实证分析可能存在一定局限性。为增强研究可信度，在上述测算基础上，利用ArcGIS10.8软件绘制空间变化图、数据表，初步判断空间相关性，并引入空间自相关模型进行深入检验。

这种空间分析方法能够揭示内蒙古城乡融合发展水平在空间上的关联程度、变化趋势和聚集演化特征，有助于识别发展不平衡的薄弱环节。同时，分析结果为后续的影响因素探讨和政策建议制定提供了重要依据。

（二）研究方法介绍

1.熵值TOPSIS

采用熵值TOPSIS法对内蒙古城乡融合发展水平进行综合分析。熵值TOPSIS法是一种广泛应用的多属性决策分析方法，其核心在于从多元决策方案中筛选最优解。该方法巧妙融合了熵权法与TOPSIS方法的优势，不仅能够综合考量多维评价指标及其权重，还能充分衡量各评价指标间的信息熵和不确定性，从而得出具有较高客观性和可靠性的决策结果。在方法论层面，熵值TOPSIS法的基本原理是将内蒙古城乡融合发展的各项指标的熵值作为其信息量的量化指标，同时对指标进行标准化处理，构建决策矩阵。随后，通过设定最优解和最劣解，计算各决策方案与理想解和负理想解之间的欧氏距离，进而计算每个方案的综合得分，最终通过排序确定最优解。相较于其他多属性决策方法，熵值TOPSIS法的显著优势在于其全面考虑了各指标间的相对重要性、信息量和不确定性。这种综合考量使得该方法能够产生更为可靠和合理的决策结果。在分析内蒙古城乡融合发展水平时，这种方法的应用能够提供更为精确和客观的评估，为后续政策制定和发展规划提供坚实的数据支撑和理论基础。

计算过程如下。

内蒙古城乡融合发展指数（以下简称指数，I）及其子系统指数（T、C、G、O、S）。首先需要确定内蒙古城乡融合发展水平评价指标的上下限阈值，并选择平方和归一化对数据进行标准化处理。假设第i个盟市的第j个评价指标的实际数值为Y_ij，确定其正负向性质，将该评价指标的上限阈值和下限阈值分别设为Y_ijmax和Y_ijmin。然后使用公式1.1和1.2计算评价指标的标准化结果X_ij，各评价指标的数据将落在[0，1]的范围内。之后对数据进行平方归一化处理，同时为消除0对后续步骤的影响，采用矩阵向右平移0.001个单位进行处理。

正向指标标准化的计算公式：

$$X_{\mathrm{ij}} = \frac{Y_{ij} - Y_{i\,\min}}{Y_{ij\,\max} - Y_{ij\,\min}} \tag{1}$$

负向指标标准化的计算公式：

$$X_{\mathrm{ij}} = \frac{Y_{ij\,\max} - Y_{ij}}{Y_{ij\,\max} - Y_{ij\,\min}} \tag{2}$$

计算各评价指标X_ij的信息熵M_j：

$$M_{\mathrm{j}} = \ln \frac{1}{n} \sum_{i=1}^{n} \left[\left(X_{ij} / \sum_{i=1}^{n} X_{ij} \right) \ln \left(X_{ij} / \sum_{i=1}^{n} X_{ij} \right) \right] \tag{3}$$

计算各评价指标X_ij的权重W_j：

$$W_j = \frac{(1 - M_{\mathrm{j}})}{\sum_{j=1}^{n} (1 - M_j)} \tag{4}$$

构建指标的加权矩阵A：

$$A = (a_{ij})_{n^* m} \tag{5}$$

其中a_ij=W_j*X_ij。

确定加权规范化矩阵A的正理想解A_j^+和负理想解A_j^−:

$$A_{\mathrm{j}}^{+}=\left(A_{1}^{+}, A_{2}^{+}, \ldots, A_{n}^{+}\right)=\max \left\{A_{ij}\right\} \quad (6)$$

$$A_{\mathrm{j}}^{-}=\left(A_{1}^{-}, A_{2}^{-}, \ldots, A_{n}^{-}\right)=\min \left\{A_{ij}\right\} \quad (7)$$

分别计算各方案与正负最优解的距离d_t^+和d_r^-：

$$\mathrm{d}_{i}^{+}=\sqrt{\sum_{j=1}^{n}\left(A_{ij}-A_{j}^{+}\right)^{2}} \quad (8)$$

$$\mathrm{d}_{i}^{-}=\sqrt{\sum_{j=1}^{n}\left(A_{ij}-A_{j}^{-}\right)^{2}} \quad (9)$$

计算内蒙古城乡融合发展指数，需测度不同方案与理想方案间的相对接近程度：

$$I=\frac{d_{i}^{-}}{d_{i}^{+}+d_{i}^{-}} \quad (10)$$

发展指数值I越高，代表各盟市发展情况越好，反之，则代表较为弱。该指数值包括子系统指数值（T、C、G、O、S），计算方法与内蒙古城乡融合水平指数相同。

2.空间自相关模型

空间自相关模型分析为深入理解内蒙古城乡融合发展水平的空间关联程度变化趋势与空间聚集演化特征提供了有力工具。该方法主要通过全局莫兰指数和局部莫兰指数进行分析。全局莫兰指数是量化整体空间自相关性的重要指标，用于检验特定区域的观测值对邻近地区的影响程度，即空间依赖性。该指数的计算基于空间权重矩阵，该矩阵可根据邻接关系、距离函数或空间邻近性等多维因素构建。全局莫兰指数的取值区间为[−1, 1]，其中0表示空间无自相关，1和−1分别代表完全正相关和完全负相关。具体而言，正值表明相似观测值在空间上呈现聚集趋势，而负值则意味着相似观测值在空间上呈现分散分布。局部莫兰指数则聚焦于测度空间数据的局部自相关性。在确认存在全局自相关性的前提下，该指数能够精确识别空间聚集区域的位置和规模。它通过计算每个空间单元的局部莫兰指数，不仅能够明确指出哪些区域出现了空间聚集现象，还能量化这些聚集的程度。这种局部分析方法为深入探究空间异质性和识别空间热点提供了关键依据。综上所述，结合全局和局部莫兰指数的空间自相关分析方法，为研究内蒙古城乡融合发展的空间格局及其动态演变提供了系统性的分析框架。

计算公式如下。

全局自相关全局Moran’sI指数：

$$\text{Moran's I} = \frac{\mathrm{n}\sum_{\mathrm{i}=1}^{\mathrm{n}}\sum_{j=1}^{n} w_{ij}(x_i-\bar{x})(x_j-\bar{x})}{\sum_{\mathrm{i}=1}^{\mathrm{n}}\sum_{\mathrm{j}=\mathrm{i}}^{\mathrm{n}}\mathrm{w_{ij}}\sum_{i=1}^{n}(x_i-\bar{x})^2} \tag{11}$$

局部自相关局部Moran’sI指数：

$$\text{Moran's }\mathrm{I_i} = \frac{\mathrm{n}(x_i-\bar{x})}{\sum_{\mathrm{i}=1}^{\mathrm{n}}(x_i-\bar{x})^2}\sum_{j=1}^{n} w_{ij}\left(x_j-\bar{x}\right) \tag{12}$$

其中：n为内蒙古盟市的总数；xi与xj分别表示内蒙古盟市及内蒙古盟市发展指数；$\overline{X}$是χ变量的均值；Wij则表示空间权重矩阵。Moran’s I接近1或-1说明该i盟市与相邻盟市空间相关性越强或者聚集越强；Moran’s I_i>0证明该盟市与相邻盟市有高值或是低值，空间集群是HH集群（高值区相邻）或LL集群（低值区相邻）；Moran’s I_i<0则说明该牧业旗的取值与相邻区域存在显著差异，即称之为空间离群，有HL集群（高低值相邻）与LH集群（低高区相邻）。

（三）数据来源

本研究的数据基础主要来自2010年至2022年间的多种统计年鉴，包括

《内蒙古统计年鉴》《中国城市统计年鉴》《内蒙古调查年鉴》以及各盟市的统计资料。为丰富数据来源，本研究参考内蒙古各盟市的国民经济和社会发展公报，并利用内蒙古自治区农牧厅提供的信息。同时，也从布瑞克农业数据智能终端、ESP数据库和天眼查等平台获取了相关数据。盟市间的地理坐标数据采用了中国自然资源部2023年8月更新的标准地图（审图号：GS〔2023〕2767号）。考虑到研究跨度较长可能导致的数据缺失问题，参照聂长飞（2020年）的研究方法，采用线性插值法以及相邻期间的均值或单期值进行了数据补齐。这种多元化的数据采集策略和系统性的数据处理方法，旨在最大程度地确保研究结果的可靠性和准确性。整合多个权威来源的数据，并采用科学的数据处理技术，力求为本研究提供坚实的数据基础，从而支持对内蒙古城乡融合发展的深入分析。

五、内蒙古城乡融合发展的评价结果

（一）综合评价

2010—2022年内蒙古12盟市城乡融合发展综合评价指数均值维持在0.129～0.727间，相差5.64倍，盟市间发展水平有明显差异，如表2所示。根据整体发展水平均值，对内蒙古12盟市城乡融合发展综合评价指数均值进行排列，可以分为3个层次。乌海市、呼和浩特市、包头市、阿拉善盟4个盟市为第一个层次，城乡融合发展综合评价指数均值在0.279～0.727。这些盟市发展水平较高是因为它们自身地理位置优越，综合实力较为强劲，同时经济基础较好，城镇化水平较高，为城乡融合发展提供了必要条件。鄂尔多斯市、赤峰市、通辽市、巴彦淖尔市、呼伦贝尔市5个盟市为第二个层次，城乡融合发展综合评价指数均值在0.180～0.204，发展条件仅次于第一梯队盟市。兴安盟、乌兰察布市、锡林郭勒盟3个盟市为第三个层次，城乡融合发展综合评价指数均值在0.129～0.175。尽管第三个层次的盟市可能拥有丰富的自然资源，但要加快实现城乡融合的高质量发展，在基础设施建设、产业结构优化、公共服务均等化等方面的支持至关重要。乌海市的城乡融合发展水平远高于其他盟市，其均值达到0.727，这可能与其较小的地理范围、较高的城镇化率以及产业结构特点有关。相比之下，锡林郭勒盟的发展水平最低，均值仅为0.129，可能面临更多的城乡发展不平衡问题。

表2　2010—2022年内蒙古12盟市城乡融合发展综合评价指数

盟市	2010	2011	2012	2013	2014	2015	2016	2017	2018	2019	2020	2021	2022	均值
呼和浩特市	0.317	0.259	0.379	0.424	0.412	0.443	0.445	0.443	0.520	0.518	0.547	0.554	0.583	0.450
包头市	0.260	0.208	0.274	0.283	0.286	0.309	0.316	0.321	0.357	0.369	0.340	0.341	0.349	0.309
呼伦贝尔市	0.143	0.125	0.159	0.164	0.166	0.178	0.178	0.169	0.233	0.236	0.222	0.214	0.225	0.186
兴安盟	0.159	0.117	0.149	0.161	0.156	0.160	0.170	0.166	0.211	0.206	0.210	0.209	0.207	0.175
通辽市	0.136	0.121	0.159	0.176	0.174	0.179	0.186	0.204	0.242	0.243	0.246	0.240	0.248	0.196
赤峰市	0.166	0.150	0.190	0.191	0.184	0.192	0.192	0.191	0.240	0.242	0.236	0.233	0.240	0.204
锡林郭勒盟	0.102	0.077	0.100	0.112	0.111	0.123	0.120	0.115	0.157	0.176	0.165	0.154	0.160	0.129
乌兰察布市	0.122	0.111	0.141	0.152	0.153	0.169	0.168	0.170	0.211	0.231	0.211	0.196	0.202	0.172
鄂尔多斯市	0.169	0.140	0.174	0.183	0.179	0.186	0.189	0.194	0.237	0.255	0.233	0.256	0.261	0.204
巴彦淖尔市	0.129	0.449	0.147	0.153	0.143	0.141	0.148	0.146	0.183	0.174	0.179	0.173	0.177	0.180

续表

盟市	2010	2011	2012	2013	2014	2015	2016	2017	2018	2019	2020	2021	2022	均值
乌海市	0.633	0.536	0.769	0.754	0.758	0.773	0.775	0.773	0.748	0.735	0.735	0.730	0.732	0.727
阿拉善盟	0.382	0.269	0.283	0.294	0.290	0.272	0.262	0.269	0.239	0.275	0.243	0.271	0.273	0.279

（二）内蒙古城乡融合发展的时间变化特征

1.总体时序特征

根据内蒙古城乡融合发展水平指数（如图1所示），内蒙古城乡融合发展水平整体呈现波动上升的时序特征，类似于一个逐步攀升的阶梯形态。从整体看，2010—2012年，内蒙古城乡融合发展指数由0.226上升至0.244，表现出稳定增长的趋势。2012—2014年，该指数在0.244到0.251之间小幅波动。2014—2018年，内蒙古城乡融合发展指数呈现持续上升趋势，从0.251上升到0.298，年均增长约2.35个百分点，增速较为显著。2018—2019年，该指数继续上升，从0.298上升到0.305的峰值，这一时期内蒙古城乡融合发展取得了明显进展。2019—2021年，内蒙古城乡融合发展指数略有下降，从0.305降至0.297。2021—2022年，该指数又呈现回升态势，从0.297上升到0.305。2018—2020年是内蒙古城乡融合发展水平提升最为显著的时期，这可能与当时实施的相关政策有关，如城乡一体化发展战略、乡村振兴战略等。综上所述，内蒙古城乡融合发展水平在过去十余年间呈现出总体上升的趋势，特别是2014年以后的提升更为明显，这代表内蒙古在推进城乡协调发展方面所做的持续努力。

从发展趋势看，内蒙古各盟市城乡融合水平时序演变趋势差异较小，均呈现出波动上升趋势，如表2所示。呼和浩特市、包头市、通辽市、赤峰市、锡林郭勒盟、乌兰察布市、巴彦淖尔市、乌海市和鄂尔多斯市的发展水

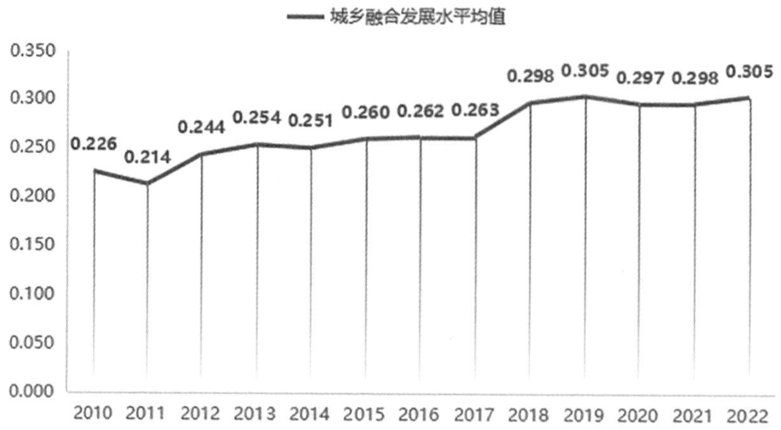

图1　内蒙古城乡融合发展指数的时序特征

平保持快速增长，呈波动上升趋势，其中呼和浩特市增长最为显著。呼伦贝尔市和兴安盟则表现出相对稳定或小幅上升的态势。然而，阿拉善盟的发展水平呈现波动下降趋势。大多数盟市指数在2018—2019年达到阶段性高点，可能与当时实施的乡村振兴政策有关；2020—2021年普遍出现小幅下降，但2022年大部分盟市指数有所回升，反映出内蒙古积极推进城乡融合发展的成效。综上所述，内蒙古大部分盟市的草原畜牧业高质量发展水平在过去十余年间呈现出总体上升的趋势，特别是2014年以后的提升更为明显。然而，阿拉善盟的发展趋势值得关注，可能需要有针对性的政策支持来改善其发展状况。2022年的数据显示，内蒙古草原畜牧业高质量发展已开始恢复增长态势。

2.分维度时序特征

在五大发展维度中，人口融合发展水平是内蒙古城乡融合发展的短板，年均增长率为负增长状态，是-0.39%。经济融合发展水平、空间融合发展水平、生态融合发展水平及社会融合发展水平4个维度均表现为年均正增长，展现出持续进步的态势。

（1）内蒙古经济融合水平

如图2所示，2010—2022年，内蒙古经济融合发展指数整体呈现波动上升趋势，年均增长率为0.45%。从时间序列来看，内蒙古经济融合发展指数的变化可以分为6个阶段。2010—2011年，内蒙古经济融合发展指数急剧下降，从0.456骤降至0.142，降幅高达68.86%，可能与当时的经济政策调整或外部冲击有关。2011—2012年，指数大幅反弹，从0.172跃升至0.575，增幅达234.30%，表明内蒙古在此期间采取了有效措施促进经济融合。2012—2014年，指数呈现波动下降趋势，从0.575降至0.452，年均降幅为11.35%，这反映出经济融合发展面临阻力。2014—2018年，指数总体呈现缓慢上升趋势，从0.452上升至0.489，年均增长率为1.98%，表明内蒙古在此期间经济融合发展取得了稳步进展。2019—2021年，指数小幅波动下降，从0.519降至0.464，年均降幅为3.67%，说明内蒙古经济融合发展遇到困难或瓶颈。2020—2022年，指数略有回升，从0.464上升至0.479，增幅为3.23%。这表明内蒙古在经济融合发展方面出现新突破。

从盟市层面来看，各地区经济融合发展水平存在显著差异，如表3所

图2　内蒙古经济融合发展指数时序特征

示。

作为自治区首府，呼和浩特市在经济融合发展方面表现最为突出，13年均值高达0.819。从时序变化来看，呼和浩特市经历显著跃升。2010年为0.496，2011年骤降至0.081，但从2012年开始，指数快速攀升并保持在0.9以上的高位。表明呼和浩特市在初期经历结构性调整，之后通过产业升级、政策引导等措施，成功实现经济的高度融合。其作为政治、经济、文化中心的地位得到充分体现，对全区的经济融合起到了引领作用。鄂尔多斯市以0.512的均值位居第二，展现出较强的经济融合能力。

鄂尔多斯市在2010年曾达到0.792的高点，虽然之后有所回落，但整体保持在较高水平。这可能与鄂尔多斯市丰富的能源资源、快速发展的工业和服务业有关。然而，指数波动也反映出鄂尔多斯市的经济结构可能存在一定的脆弱性，需要进一步优化产业结构，实现更可持续的融合发展。

乌海市以0.484的均值位居第三，显示出良好的经济融合态势。乌海市指数变化呈现先降后升的趋势，2012年为0.66，此后波动下降，近年来保持在0.5左右。作为工业城市，乌海市在推进产业转型升级、促进经济多元化发展方面取得了一定成效，但仍需继续深化改革，增强经济韧性。

赤峰市的经济融合发展指数均值为0.482，表现相对稳定。赤峰市在2012年达到0.686的高点后有所回落，但指数维持在中上水平。作为内蒙古东部地区的重要城市，赤峰市在促进区域经济协调发展方面发挥着重要作用，但也面临着产业结构优化、创新驱动发展等挑战。

巴彦淖尔市的情况较为特殊，2011年出现0.931的异常高值，导致其13年均值达到0.465。除去这一异常值，巴彦淖尔市的经济融合发展水平相对稳定，近年来指数基本维持在0.44左右。这反映出巴彦淖尔市在农牧业现代化、生态经济发展等方面可能取得一定成效，但仍需进一步提升经济融合度。

作为重要的工业城市，包头市的经济融合发展指数均值为0.421。包头市指数呈现波动下降趋势，从2010年的0.66降至近年的0.4左右。这可能反映出传统重工业面临转型压力，需要加快产业结构调整，培育新的经济增长点。

呼伦贝尔市、兴安盟、通辽市3个地区的经济融合发展指数均值分别为0.405、0.357和0.398，均处于相对较低水平。作为内蒙古东部地区的重要组成部分，这3个地区在发展过程中可能面临资源禀赋、产业结构、区位条件等方面的制约。未来需要加强与周边地区的经济联系，深化产业合作，提升经济融合水平。

锡林郭勒盟、乌兰察布市、阿拉善盟3个盟市的经济融合发展指数均值分别为0.406、0.430和0.439，表现相对平平。作为草原牧区或边境地区，3个盟市在经济融合发展过程中可能面临着独特的挑战，如：如何平衡生态保护与经济发展、如何提升对外开放水平等。需要因地制宜制定发展策略，挖掘特色优势产业，促进经济深度融合。

表3　内蒙古经济融合发展时序特征分析表

盟市	2010	2011	2012	2013	2014	2015	2016	2017	2018	2019	2020	2021	2022	均值
呼和浩特市	0.496	0.081	0.858	0.897	0.929	0.914	0.92	0.918	0.919	0.922	0.929	0.932	0.931	0.819
包头市	0.66	0.063	0.53	0.449	0.365	0.441	0.436	0.46	0.433	0.441	0.394	0.401	0.404	0.421
呼伦贝尔市	0.209	0.056	0.475	0.453	0.414	0.458	0.467	0.474	0.461	0.447	0.431	0.443	0.475	0.405
兴安盟	0.476	0.081	0.545	0.443	0.29	0.358	0.366	0.391	0.362	0.349	0.305	0.322	0.355	0.357
通辽市	0.355	0.062	0.557	0.494	0.359	0.406	0.428	0.432	0.423	0.404	0.412	0.418	0.428	0.398

续表

盟市	2010	2011	2012	2013	2014	2015	2016	2017	2018	2019	2020	2021	2022	均值
赤峰市	0.439	0.076	0.686	0.599	0.467	0.542	0.526	0.548	0.519	0.513	0.438	0.453	0.459	0.482
锡林郭勒盟	0.598	0.057	0.521	0.447	0.367	0.432	0.409	0.438	0.418	0.425	0.368	0.406	0.396	0.406
乌兰察布市	0.376	0.079	0.631	0.514	0.385	0.438	0.445	0.479	0.456	0.47	0.437	0.44	0.435	0.430
鄂尔多斯市	0.792	0.070	0.605	0.525	0.467	0.573	0.556	0.587	0.54	0.533	0.464	0.479	0.462	0.512
巴彦淖尔市	0.388	0.931	0.303	0.395	0.476	0.435	0.454	0.444	0.445	0.445	0.439	0.442	0.443	0.465
乌海市	0.433	0.076	0.66	0.567	0.461	0.529	0.519	0.545	0.51	0.522	0.485	0.495	0.495	0.484
阿拉善盟	0.253	0.066	0.529	0.488	0.443	0.516	0.504	0.517	0.489	0.498	0.466	0.479	0.462	0.439

（2）内蒙古空间融合水平

如图3所示，2010—2022年，内蒙古空间融合发展指数整体呈现稳步上升趋势，年均增长率达3.24%。从时间序列角度分析，指数的变化可划分为4个关键阶段：2010—2013年，指数从0.175缓慢增长至0.194，年均增长率为3.51%，表明内蒙古开始重视空间融合发展并取得初步成效；2014—2017年，指数增长速度略有放缓，从0.188上升至0.200，年均增长率降至2.08%；2017—2018年，指数出现显著跃升，从0.200骤增至0.239，增幅高达19.5%，这一突破性进展很可能与乡村振兴及高质量发展政策密切相关；2018—2022年，指数继续保持稳步上升态势，从0.239提升至0.255，年均增长率为1.64%，表明内蒙古在空间融合发展方面已进入新阶段，各项举措持续推进，为区域协调发展奠定了坚实基础。

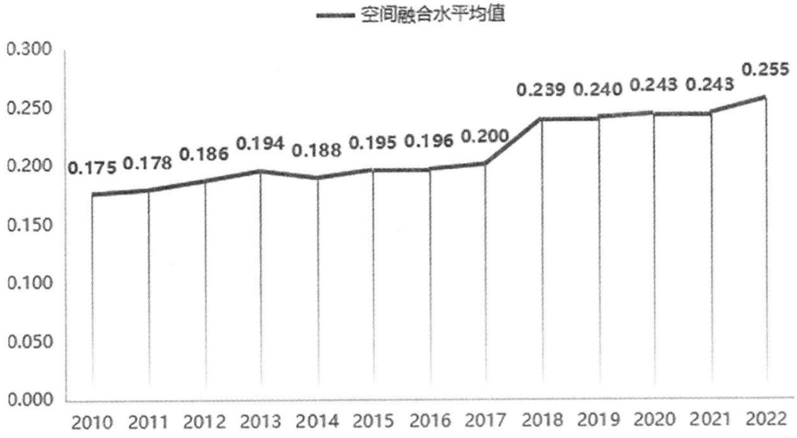

图3　内蒙古空间融合发展指数时序特征

观察期内，从盟市层面深入分析内蒙古空间融合发展指数，可以看出显著的区域差异和特征，如表4所示。

乌海市在空间融合发展方面表现最为突出，13年均值高达0.815，远超其他地区。卓越表现可能源于乌海市紧凑的城市布局和高效的空间利用策略。然而，乌海市的指数呈现微弱下降趋势，从2011年的0.859降至2022年的0.765，可能反映出城市发展过程中面临的新挑战，如空间资源利用效率的瓶颈或城市功能布局的调整需求。

作为自治区首府的呼和浩特市表现同样出色，以0.414的均值位居第二。呼和浩特市展现出显著的上升趋势，指数从2010年的0.262大幅提升至2022年的0.546。进步可能得益于城市规划的持续优化、基础设施的不断完善以及城乡一体化发展战略的深入实施。呼和浩特市的经验可为其他地区提供有益借鉴。

包头市、兴安盟和通辽市的表现也值得关注，3个盟市空间融合发展指数均值分别为0.209、0.194和0.185，位居中上水平。3个盟市均呈现出稳健的上升趋势，特别是在2017—2018年间有明显提升。反映出3个盟市在城乡统筹发展、产业布局优化和空间规划改革等方面取得的成效。尤其是包头市，作为重要的工业城市，其空间融合发展水平的提升对推动产业转型升级具有重要意义。

呼伦贝尔市的情况较为特殊。尽管其均值仅为0.148，但呈现出明显的上升趋势，特别是2017—2018年间显著跃升。考虑到呼伦贝尔市幅员辽阔、人口分布分散的特点，这一进展尤为可贵。

锡林郭勒盟、鄂尔多斯市和阿拉善盟的表现相对滞后，均值分别为0.039、0.082和0.018。3个盟市面临的共同挑战包括地域广阔、人口密度低、自然条件复杂等。尽管如此，3个盟市的空间融合发展指数仍呈现缓慢上升趋势，表明3个盟市在空间融合发展方面所做的持续努力。未来，这些地区可能需要更加创新的发展策略，如发展特色产业、推进生态旅游、加强区域合作等，以克服地理劣势，提升空间融合水平。

几乎所有盟市在2017—2018年间都出现指数的显著提升，这与新型城镇化战略的深化、乡村振兴战略的实施或区域一体化发展措施的推进有重大关系。综上所述，内蒙古各盟市在空间融合发展方面呈现出“梯队分布”的特征：以乌海市、呼和浩特市为代表的第一梯队，发展水平较高且持续向好；以包头市、兴安盟、通辽市为代表的第二梯队，发展态势良好，有较大提升空间；以呼伦贝尔市为代表的第三梯队，虽然基础较弱但进步明显；以锡林郭勒盟、鄂尔多斯市、阿拉善盟为代表的第四梯队，面临较大挑战，但仍在稳步推进。

表4 内蒙古空间融合发展时序特征分析表

盟市	2010	2011	2012	2013	2014	2015	2016	2017	2018	2019	2020	2021	2022	均值
呼和浩特市	0.262	0.275	0.329	0.401	0.359	0.406	0.403	0.403	0.493	0.495	0.509	0.507	0.546	0.414
包头市	0.177	0.18	0.181	0.181	0.185	0.191	0.197	0.205	0.241	0.241	0.242	0.24	0.259	0.209
呼伦贝尔市	0.099	0.104	0.109	0.11	0.104	0.108	0.103	0.112	0.195	0.201	0.216	0.223	0.24	0.148
兴安盟	0.174	0.146	0.15	0.162	0.157	0.163	0.171	0.171	0.241	0.243	0.245	0.253	0.25	0.194
通辽市	0.126	0.124	0.13	0.152	0.154	0.16	0.16	0.181	0.237	0.238	0.243	0.245	0.261	0.185
赤峰市	0.123	0.129	0.131	0.127	0.123	0.127	0.129	0.134	0.172	0.175	0.174	0.17	0.185	0.146
锡林郭勒盟	0.031	0.035	0.035	0.038	0.036	0.037	0.037	0.035	0.041	0.042	0.043	0.044	0.048	0.039
乌兰察布市	0.093	0.09	0.097	0.099	0.097	0.1	0.099	0.098	0.148	0.148	0.147	0.148	0.165	0.118
鄂尔多斯市	0.056	0.058	0.061	0.064	0.063	0.064	0.066	0.069	0.111	0.111	0.111	0.111	0.122	0.082
巴彦淖尔市	0.128	0.135	0.147	0.148	0.127	0.132	0.139	0.144	0.172	0.172	0.174	0.178	0.192	0.153
乌海市	0.829	0.859	0.856	0.844	0.848	0.843	0.835	0.835	0.775	0.772	0.771	0.763	0.765	0.815
阿拉善盟	0.004	0.005	0.005	0.005	0.007	0.01	0.01	0.013	0.036	0.036	0.036	0.036	0.032	0.018

（3）内蒙古人口融合水平

如图4所示，2010—2022年间，内蒙古人口融合发展指数整体呈现波动下降趋势，年均增长率为–0.39%。从时间序列来看，该指数的变化可以分为5个阶段。

2010—2013年，指数呈小幅下降趋势，从0.299下降至0.292，年均下降率为0.78%。这一时期可被视为内蒙古人口融合发展政策的探索期。此时人口流动政策初步放开、户籍制度改革起步、城乡二元结构持续存在。这一阶段的下降趋势表明区域间人口流动不均衡所带来的挑战。

2013—2016年，指数出现回升，从0.292上升至0.298，年均增长率为0.68%。此时新型城镇化战略深入实施、农业转移人口市民化政策推进，使人口融合发展政策开始发挥作用。

2016—2019年，指数再次呈现下降趋势，从0.298下降至0.295，年均降幅为0.34%。此时内蒙古人口结构性矛盾显现（如人口老龄化加剧），同时产业转型升级对人口流动的影响开始显现。

2019—2020年，指数出现显著下降，从0.295骤降至0.274，降幅达7.12%。

2020—2022年，指数开始快速回升，从0.274上升至0.286，年均增长率为2.16%。经济复苏带动就业机会增加、针对性的人口融合发展政策实施、数字化及智能化技术在促进人口融合中得以应用。

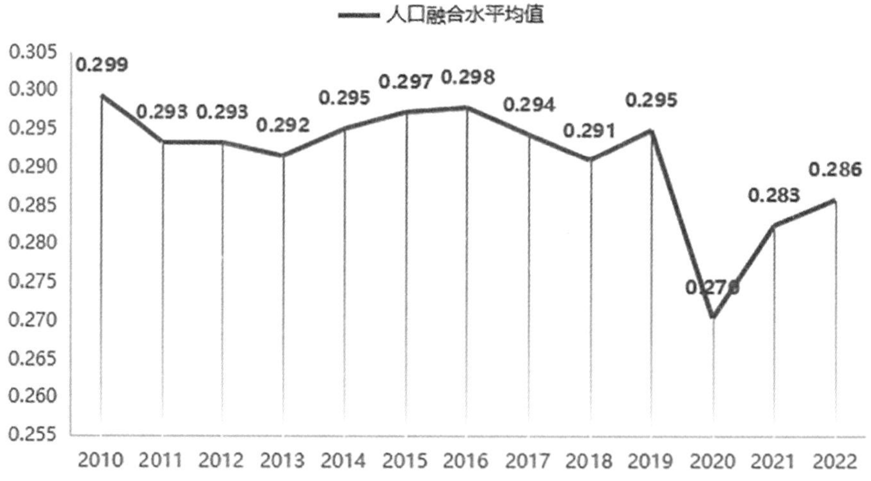

图4　内蒙古人口融合发展指数的时序特征

从盟市层面看，可以观察到内蒙古各盟市显著的区域差异和特征，如表5所示。

乌海市以13年均值高达1.000的卓越表现遥遥领先，这一成绩可能源于其地域面积小、高度城市化的特点，为人口高度集中和融合提供了有利条件。同时，其相对单一的产业结构可能促进人口的同质化，进一步加深融合程度。然而，乌海市的经验虽然值得深入研究，但也需要考虑其特殊性，不能简单复制到其他地区。

呼和浩特市以0.559的均值位居第二，且呈现稳步上升趋势，从2010年的0.532上升至2022年的0.654。这一趋势充分体现出首府城市在人口融合方面的优势，包括其作为政治、经济、文化中心的地位吸引多元人口，较为完善的城市功能和公共服务体系以及持续的城市化进程和产业升级。呼和浩特市的案例展示出城市在推动人口融合方面的潜力和作用。

包头市均值为0.449，位居第三，但呈现下降趋势，从2010年的0.467下降至2022年的0.413。这一趋势反映出传统工业城市在转型过程中面临的挑战。产业结构调整可能导致人口流出或结构变化，而新兴产业对人口的吸引力尚未充分显现。包头市的情况提示要关注产业转型对人口融合的影响以及如何在经济结构调整中维持和提升人口融合水平。

鄂尔多斯市和阿拉善盟的均值分别为0.278和0.283，表现相对较好，但都呈现波动下降趋势。这可能表示资源型地区经济周期对人口融合的影响，产业单一性可能导致人口结构的脆弱性。同时，这两个地区的地理位置和自然条件可能限制人口的持续流入和融合。

呼伦贝尔市的均值为0.210，呈现明显下降趋势，从2010年的0.225降至2022年的0.153。说明边境地区在人口融合方面面临的特殊挑战。其以农牧业为主的产业结构可能限制人口融合的深度，而地域广阔可能增加人口融合的难度。

兴安盟、通辽市、赤峰市和巴彦淖尔市的均值较低，分别为0.074、0.132、0.131和0.096，表明农牧业地区在人口融合方面面临挑战。较低的城镇化水平和相对单一的产业结构可能是制约地区人口融合发展的主要因素。

表5　内蒙古人口融合发展时序特征分析表

盟市	2010	2011	2012	2013	2014	2015	2016	2017	2018	2019	2020	2021	2022	均值
呼和浩特市	0.532	0.522	0.522	0.515	0.541	0.546	0.549	0.544	0.54	0.553	0.619	0.635	0.654	0.559
包头市	0.467	0.456	0.455	0.456	0.463	0.475	0.479	0.461	0.442	0.46	0.389	0.416	0.413	0.449
呼伦贝尔市	0.225	0.223	0.224	0.225	0.229	0.234	0.235	0.232	0.226	0.224	0.156	0.148	0.153	0.210
兴安盟	0.08	0.078	0.078	0.075	0.074	0.072	0.072	0.077	0.09	0.08	0.066	0.057	0.058	0.074
通辽市	0.131	0.132	0.14	0.133	0.125	0.123	0.122	0.126	0.134	0.129	0.147	0.135	0.135	0.132
赤峰市	0.148	0.143	0.14	0.133	0.134	0.129	0.127	0.135	0.128	0.135	0.125	0.113	0.113	0.131
锡林郭勒盟	0.183	0.177	0.176	0.179	0.184	0.189	0.189	0.184	0.18	0.186	0.145	0.175	0.177	0.179
乌兰察布市	0.117	0.109	0.109	0.102	0.102	0.098	0.096	0.102	0.108	0.102	0.108	0.1	0.102	0.104
鄂尔多斯市	0.294	0.281	0.281	0.284	0.292	0.299	0.3	0.285	0.269	0.284	0.2	0.27	0.281	0.278
巴彦淖尔市	0.123	0.116	0.111	0.103	0.098	0.093	0.091	0.093	0.1	0.093	0.079	0.075	0.075	0.096
乌海市	1	1	1	1	1	1	1	1	1	1	1	1	1	1.000
阿拉善盟	0.292	0.283	0.283	0.293	0.3	0.309	0.314	0.294	0.275	0.294	0.211	0.266	0.269	0.283

（4）内蒙古生态融合水平

观察期内，内蒙古生态融合发展指数整体呈现波动上升趋势，年均增长率为5.41%，如图5所示。从时间序列看，2010—2013年，内蒙古生态融合水平指数稳步上升，从0.175上升至0.253，年均增长率为12.91%。在此阶段，生态文明建设理念初步引入和实践，环境保护政策逐步强化，生态与经济协调发展意识逐步提升。2013—2014年，内蒙古生态融合水平指数出现小幅下降，从0.253降至0.238，降幅为5.56%。此时经济发展与生态保护之间的短期矛盾显现，生态融合发展模式探索及调整。2014—2018年，指数快速上升，从0.238上升至0.388，年均增长率为13.01%。这一阶段生态融合发展取得了突破性进展，此时国家生态文明建设示范区创建，重大生态修复工程实施（如退耕还林还草工程的深化），绿色产业体系初步构建。2018—2021年，指数呈现波动下降趋势，从0.388下降至0.322，年均降幅为5.98%。此阶段面临新的环境挑战（如极端气候事件增多），同时面临经济压力与生态投入平衡的问题，这一阶段的下降并不意味着生态融合发展的倒退，而可能是向更高质量发展过渡的必要过程。2021—2022年，指数略有回升，从0.322上升至0.327，增幅为1.55%。这标志着生态融合发展进入新的稳定阶段，生态融合发展进入新的稳定期，生态与经济发展的协调性增强。

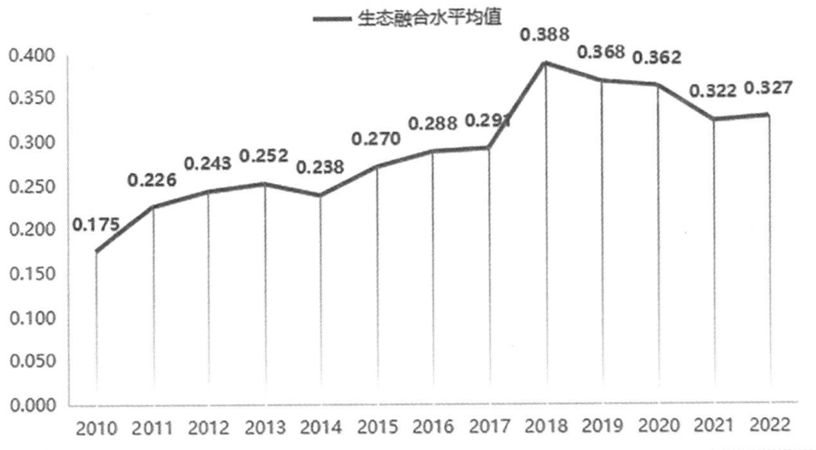

图5　内蒙古生态融合发展指数的时序特征

盟市层面可以观察到各盟市区域差异显著，如表6所示。

阿拉善盟以13年均值高达0.873的卓越表现遥遥领先。这是由于阿拉善盟独特的荒漠生态系统和丰富的生物多样性资源、长期以来对生态保护的高度重视和持续投入、生态旅游等绿色产业的发展，实现生态保护与经济发展的良性互动，有国家级自然保护区的建设和管理经验。阿拉善盟的经验突出表明，即使在自然条件严酷的地区，通过正确的政策和持续的努力，也能实现高水平的生态融合发展。

乌海市以0.395的均值位居第二，这一成绩对于一个传统的工业城市来说尤为可贵。主要因为乌海市工业转型升级成功，推动清洁生产和循环经济发展，大力推进城市绿化和生态修复工程，环境治理力度加大，特别是在空气和水质改善方面成效显著。新能源产业发展，减少对传统化石能源的依赖。乌海市的案例为其他工业城市的生态转型提供了宝贵经验。

鄂尔多斯市均值为0.390，位居第三，且呈现显著上升趋势，表明资源型城市向生态型城市转变的成功实践，同时生态治理和沙漠化防治取得了显著成效。能源结构优化，新能源产业快速发展。生态补偿机制得到创新和实施。鄂尔多斯市的经验表明，资源型城市完全有可能通过创新和转型实现高水平的生态融合发展。

乌兰察布市均值为0.360，表现较为出色，特别是在2015年后有明显提升。这得益于草原生态系统保护和修复工程的实施。发展生态农牧业，推动产业结构向绿色转型。水资源管理和节水技术得到推广。可再生能源产业（如风电）进一步发展。乌兰察布市的案例展示出农牧业地区在生态融合发展方面的潜力。

呼和浩特市和包头市的均值分别为0.308和0.289，表现中等。作为自治区的政治和经济中心，面临着平衡发展与生态保护的挑战。其表现反映出城市绿色基础设施建设的推进、工业污染治理的成效、生态文明示范区建设的影响以及城市规划中对生态因素考量的加强。

锡林郭勒盟的均值为0.228，虽然不高，但从2010年的0.028到2022年的

0.320，呈现了显著的上升趋势。进步源于草原生态保护政策的有效实施、生态畜牧业的发展减轻草原压力、生态补偿机制的建立和完善、生态旅游的发展促进生态保护和经济发展的协调。锡林郭勒盟的案例展示出草原地区生态与经济融合发展的潜力和路径。

呼伦贝尔市、兴安盟、通辽市、赤峰市和巴彦淖尔市的均值相对较低，分别为0.091、0.131、0.142、0.119和0.136，表明农牧业地区在生态融合发展方面面临挑战，同时经济发展与生态保护之间的矛盾尚未有效解决，生态补偿机制可能还不够完善。

表6　内蒙古生态融合发展时序特征分析表

盟市	2010	2011	2012	2013	2014	2015	2016	2017	2018	2019	2020	2021	2022	均值
呼和浩特市	0.261	0.282	0.321	0.28	0.312	0.293	0.319	0.334	0.37	0.357	0.301	0.283	0.287	0.308
包头市	0.195	0.238	0.243	0.246	0.223	0.324	0.364	0.427	0.384	0.281	0.293	0.264	0.273	0.289
呼伦贝尔市	0.08	0.097	0.1	0.075	0.082	0.082	0.088	0.07	0.118	0.102	0.1	0.096	0.093	0.091
兴安盟	0.066	0.047	0.097	0.135	0.122	0.124	0.201	0.156	0.156	0.09	0.167	0.154	0.183	0.131
通辽市	0.041	0.073	0.095	0.139	0.102	0.129	0.185	0.255	0.202	0.165	0.159	0.149	0.155	0.142
赤峰市	0.068	0.122	0.124	0.121	0.065	0.088	0.096	0.134	0.182	0.133	0.112	0.147	0.161	0.119
锡林郭勒盟	0.028	0.057	0.081	0.135	0.112	0.204	0.172	0.141	0.445	0.47	0.496	0.307	0.32	0.228
乌兰察布市	0.104	0.186	0.212	0.227	0.229	0.376	0.39	0.389	0.578	0.653	0.463	0.419	0.455	0.360
鄂尔多斯市	0.134	0.254	0.28	0.289	0.234	0.248	0.28	0.326	0.618	0.59	0.681	0.597	0.533	0.390

续表

盟市	2010	2011	2012	2013	2014	2015	2016	2017	2018	2019	2020	2021	2022	均值
巴彦淖尔市	0.061	0.107	0.086	0.117	0.063	0.086	0.104	0.048	0.285	0.223	0.243	0.171	0.17	0.136
乌海市	0.148	0.403	0.43	0.412	0.408	0.418	0.445	0.46	0.415	0.402	0.417	0.4	0.38	0.395
阿拉善盟	0.913	0.842	0.846	0.842	0.908	0.872	0.808	0.757	0.906	0.945	0.917	0.879	0.915	0.873

（5）内蒙古社会融合水平

如图6所示，2010—2022年，内蒙古社会融合发展指数整体呈现波动上升趋势，年均增长率为0.75%。从时间序列来看，该指数的变化可以分为5个阶段。

2010—2012年，指数呈现小幅波动，从0.416略微下降至0.411，年均下降率为0.60%。此时民族团结政策持续推进，城乡统筹发展战略起步，虽然指数略有下降，但波动幅度不大。这一时期社会融合发展处于相对稳定的状态，各项政策和措施正在逐步落实和调整。

2012—2015年，指数稳步上升，从0.411上升至0.437，年均增长率为2.07%。随着社会融合发展政策逐步完善和深化，城镇化进程加快，促进了人口流动和融合，这反映了社会融合发展政策开始发挥效果，同时民生工程的实施，大大提升了居民的获得感和幸福感。这一阶段的持续增长表明社会融合发展政策开始显现成效，各项措施得到了有效落实。

2015—2017年，指数波动上升，从0.437上升至0.449，年均增长率为0.91%。这一阶段，社会融合发展继续推进，但增速有所放缓。

2017—2020年，指数出现下降，从0.449下降至0.433，年均下降率为1.80%。此时经济下行压力加大，影响社会融合的资源投入，同时城乡差距、区域差距等深层次问题显现，此社会融合发展模式面临转型和升级的需求。

2020—2022年，指数快速回升，从0.433上升至0.455，年均增长率为2.51%。这表明内蒙古的社会保障体系进一步完善，增强了社会凝聚力，同时民族团结进步创建工作进一步深化，促进了各民族交往交流交融。乡村振兴战略深入实施，促进城乡融合。

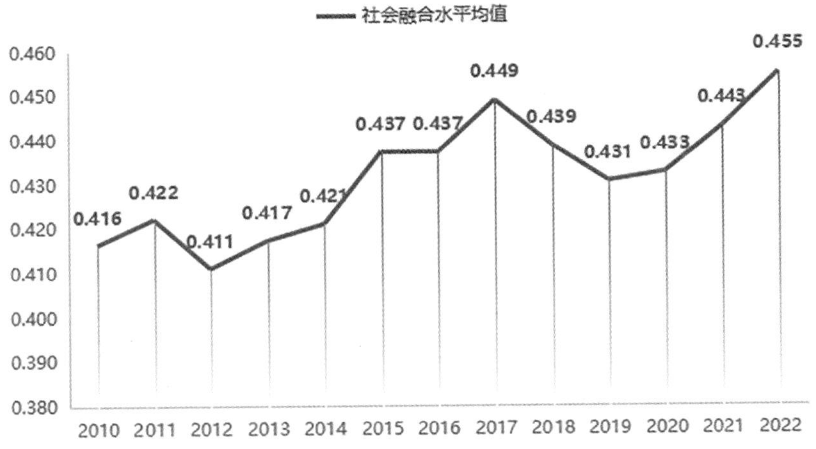

图6　内蒙古社会融合发展指数的时序特征

从盟市层面来看，内蒙古各盟市社会融合发展水平存在显著差异，如表7所示。

赤峰市以13年均值高达0.850的卓越表现遥遥领先于其他城市。这一成绩可能源于赤峰市作为内蒙古东部地区的中心城市，在公共服务、基础设施等方面投入较大。同时，多元民族文化的融合，形成了独特的社会包容性氛围。此外，城乡一体化发展战略的有效实施，缩小了城乡差距。产业结构的优化升级为社会融合提供了经济基础。赤峰市的经验表明，多元文化的融合与经济社会的协调发展是提升社会融合水平的关键。

通辽市以0.645的均值位居第二，表现优异。其表现表明作为东部农牧业大市，在城乡统筹发展方面取得显著成效。同时，多民族和谐共处的社会氛围对社会融合起到积极作用。而且近年来在产业转型和城镇化建设方面的投入，提升了社会融合的硬件基础。教育、医疗等公共服务的均等化程度较高。通辽市的案例展示出农牧业地区在推进社会融合方面的潜力和路径。

作为自治区首府，呼和浩特市以0.615的均值位居第三。其表现说明呼和浩特市有独特政治、经济、文化中心的优势，吸引多元人口，促进社会交融；公共资源配置较为优质，为社会融合提供了良好基础；创新创业环境的营造，增强了城市的包容性和活力；民族教育和文化交流的深入开展，促进了民族团结。

包头市均值为0.611，表现较好。作为重要的工业城市，其社会融合发展特点包括：工业转型升级带来的社会结构变化，对社会融合提出了新要求；城市功能的完善和宜居环境的打造，提升了居民的融入感和归属感；产业工人群体的稳定性对社会融合起到了积极作用。在环境治理和生态改善方面的投入，间接促进了社会和谐。包头市的经验表明，工业城市在推进社会融合时需要注重经济转型与社会和谐的平衡。

呼伦贝尔市均值为0.548，处于中等偏上水平。其特点是作为边境地区，多民族聚居特征显著，民族融合是社会融合的重要方面；生态旅游业的发展为社会融合提供了新的契机；地域广阔带来的公共服务均等化挑战；农牧业现代化进程中的社会结构调整。呼伦贝尔市的案例反映出边境地区在推进社会融合时面临的独特挑战和机遇。

乌兰察布市和巴彦淖尔市的均值分别为0.451和0.369，处于中等水平。这是由于这两个地区面临传统农牧业地区向现代化转型过程中的社会融合挑战，同时揭示城镇化进程中的人口流动对社会结构的影响。

兴安盟、鄂尔多斯市、锡林郭勒盟的均值相对较低，分别为0.340、0.334和0.210。表明兴安盟、鄂尔多斯市、锡林郭勒盟面临经济发展水平与社会融合需求之间的矛盾。同时，地理位置偏远带来资源配置和人才吸引困难。

产业单一（如资源依赖型经济）对社会结构的影响，使得乌海市和阿拉善盟的均值最低，分别为0.188和0.017，反映出小型城市和荒漠地区在社会融合方面面临的独特挑战，同时，资源型经济转型对社会结构的巨大冲击以及人口规模小、密度低对社会交往和融合的限制。

表7　内蒙古社会融合发展时序特征分析表

盟市	2010	2011	2012	2013	2014	2015	2016	2017	2018	2019	2020	2021	2022	均值
呼和浩特市	0.613	0.624	0.604	0.617	0.585	0.578	0.56	0.628	0.607	0.552	0.564	0.691	0.772	0.615
包头市	0.595	0.575	0.556	0.55	0.592	0.62	0.605	0.645	0.623	0.672	0.685	0.606	0.615	0.611
呼伦贝尔市	0.572	0.539	0.525	0.529	0.542	0.593	0.602	0.54	0.56	0.579	0.551	0.499	0.496	0.548
兴安盟	0.302	0.302	0.302	0.37	0.387	0.372	0.369	0.337	0.331	0.327	0.353	0.345	0.328	0.340
通辽市	0.589	0.63	0.619	0.62	0.628	0.619	0.666	0.676	0.653	0.68	0.636	0.679	0.692	0.645
赤峰市	0.898	0.944	0.891	0.85	0.798	0.838	0.856	0.84	0.779	0.78	0.754	0.878	0.939	0.850
锡林郭勒盟	0.202	0.208	0.205	0.212	0.197	0.182	0.221	0.219	0.211	0.219	0.22	0.206	0.23	0.210
乌兰察布市	0.405	0.404	0.407	0.466	0.497	0.479	0.487	0.457	0.493	0.469	0.486	0.428	0.386	0.451
鄂尔多斯市	0.309	0.321	0.317	0.292	0.314	0.307	0.305	0.371	0.324	0.316	0.327	0.394	0.448	0.334
巴彦淖尔市	0.363	0.369	0.371	0.4	0.4	0.376	0.386	0.376	0.386	0.309	0.357	0.371	0.338	0.369
乌海市	0.148	0.149	0.135	0.102	0.112	0.284	0.188	0.297	0.267	0.263	0.243	0.134	0.126	0.188

续表

盟市	2010	2011	2012	2013	2014	2015	2016	2017	2018	2019	2020	2021	2022	均值
阿拉善盟	0	0	0	0	0	0	0	0	0.03	0	0.014	0.083	0.089	0.017

（三）空间变化特征

为了更好地分析内蒙古12盟市城乡融合发展的空间变化特点，基于熵值TOPSIS法的计算结果，选取2010年、2015年、2020年和2022年这4个关键时间点。利用Arcgis10.8软件，从整体演变和分维度角度，对内蒙古12盟市的城乡融合发展水平及其五大维度进行空间分布差异和变化特征的可视化分析，旨在更直观地展示内蒙古城乡融合发展的空间变化模式。

1.内蒙古城乡融合发展水平总体空间演变特征分析

考虑到上文内蒙古城乡融合发展水平的时序变化特征，利用自然间断点分级法对其分级，划分出低（<0.102）、较低（0.102～0.143）、中等（0.144～0.169）、较高（0.170～0.382）、高（>0.382）5个水平。由表8可以看出，内蒙古12盟市城乡融合发展水平在各阶段呈现的明显特征。

2010—2015年内蒙古城乡融合发展水平呈现出上升趋势，城乡融合发展高水平盟市由0个增加到1个，较高水平盟市由3个增加到6个，中等水平盟市数量由3个下降到2个，较低水平盟市0个。

2015—2020年内蒙古城乡融合发展水平空间格局变化较大，发展水平整体处于上升态势。内蒙古城乡融合发展处于高水平的盟市数量保持稳定，但较高水平盟市显著增加，覆盖范围扩大，中等水平盟市数量上升，较低水平盟市几乎消失，低水平盟市仍未出现。

2020—2022年内蒙古城乡融合发展水平整体保持稳定状态。内蒙古城乡融合发展水平为高水平的盟市、较高水平盟市、中等水平盟市数量保持不变，低水平与较低水平盟市未出现。

总体而言，内蒙古城乡融合发展水平的空间演变特征整体呈现出“两边高，中间低”的格局。内蒙古西部变化较大，较低融合水平盟市彻底消失，但常年处于高水平发展状态。中部处于从低融合水平提高到中等、较高水平。东部发展水平稳步提高。分盟市看，呼和浩特市由较高水平一跃成为高水平融合发展状态；阿拉善盟、包头市、鄂尔多斯市、呼伦贝尔市、兴安盟、通辽市、赤峰市、乌兰察布市、巴彦淖尔市及乌海市在2020年后均处于较高水平的融合发展状态；锡林郭勒盟在2010—2022年从低融合状态上升到中等融合发展状态。

表8　内蒙古城乡融合发展水平空间分布特征

城市名称	2010 年	2015 年	2020 年	2022 年
呼和浩特市	0.170 ~ 0.382	>0.382	>0.382	>0.382
包头市	0.170 ~ 0.382	0.170 ~ 0.382	0.170 ~ 0.382	0.170 ~ 0.382
乌海市	>0.382	>0.382	>0.382	>0.382
赤峰市	0.144 ~ 0.169	0.170 ~ 0.382	0.170 ~ 0.382	0.170 ~ 0.382
通辽市	0.102 ~ 0.143	0.170 ~ 0.382	0.170 ~ 0.382	0.170 ~ 0.382
鄂尔多斯市	0.144 ~ 0.169	0.170 ~ 0.382	0.170 ~ 0.382	0.170 ~ 0.382
呼伦贝尔市	0.102 ~ 0.143	0.170 ~ 0.382	0.170 ~ 0.382	0.170 ~ 0.382
巴彦淖尔市	0.102 ~ 0.143	0.102 ~ 0.143	0.170 ~ 0.382	0.170 ~ 0.382
乌兰察布市	0.102 ~ 0.143	0.144 ~ 0.169	0.170 ~ 0.382	0.170 ~ 0.382
兴安盟	0.144 ~ 0.169	0.144 ~ 0.169	0.170 ~ 0.382	0.170 ~ 0.382

续表

城市名称	2010 年	2015 年	2020 年	2022 年
锡林郭勒盟	<0.102	0.102 ~ 0.143	0.144 ~ 0.169	0.144 ~ 0.169
阿拉善盟	0.170 ~ 0.382	0.170 ~ 0.382	0.170 ~ 0.382	0.170 ~ 0.382

注：低（<0.102）、较低（0.102~0.143）、中等（0.144~0.169）、较高（0.170~0.382）、高（>0.382）。

2.内蒙古城乡融合发展水平分维度空间演变特征分析

为了深入探讨内蒙古城乡融合发展的空间变化格局，在掌握整体空间变化特征的基础上，对经济融合、空间融合、人口融合、生态融合及社会融合发展水平5个维度进行细致分析。按照上文做法，选取2010年、2015年、2020年和2022年这4个时间节点，采用自然间断点分级法将各维度发展水平划分为低、较低、中、较高、高，并保持统一的分级标准，运用Arcgis10.8软件对结果进行处理，制作成表。

（1）经济融合

2010—2022年内蒙古经济融合水平的空间变化格局由“中间高，两边低”向“均匀分布”演变，如表9所示。2010年，内蒙古经济融合低水平和中等水平盟市数量占内蒙古12盟市的41%，只有鄂尔多斯市经济融合水平为高，包头市及锡林郭勒盟发展水平为较高。2015年鄂尔多斯市由高水平变为较高水平；阿拉善盟、赤峰市变为较高水平；呼和浩特市由中等水平变为高水平。2020年，内蒙古大部分盟市变为中等水平，只有锡林郭勒盟及兴安盟为较低水平，呼和浩特市继续保持高水平。2022年，内蒙古经济融合水平基本上所有盟市达到中等水平，呼和浩特市继续保持高水平。

表9 内蒙古经济融合发展水平空间分布特征

城市名称	2010 年	2015 年	2020 年	2022 年
呼和浩特市	0.389 ~ 0.496	>0.660	>0.660	>0.660
包头市	0.497 ~ 0.660	0.389 ~ 0.496	0.389 ~ 0.496	0.389 ~ 0.496
乌海市	0.389 ~ 0.496	0.497 ~ 0.660	0.389 ~ 0.496	0.389 ~ 0.496
赤峰市	0.389 ~ 0.496	0.497 ~ 0.660	0.389 ~ 0.496	0.389 ~ 0.496
通辽市	0.253 ~ 0.388	0.389 ~ 0.496	0.389 ~ 0.496	0.389 ~ 0.496
鄂尔多斯市	>0.660	0.497 ~ 0.660	0.389 ~ 0.496	0.389 ~ 0.496
呼伦贝尔市	<0.253	0.389 ~ 0.496	0.389 ~ 0.496	0.389 ~ 0.496
巴彦淖尔市	0.253 ~ 0.388	0.389 ~ 0.496	0.389 ~ 0.496	0.389 ~ 0.496
乌兰察布市	0.253 ~ 0.388	0.389 ~ 0.496	0.389 ~ 0.496	0.389 ~ 0.496
兴安盟	0.389 ~ 0.496	0.253 ~ 0.388	0.253 ~ 0.388	0.253 ~ 0.388
锡林郭勒盟	0.497 ~ 0.660	0.389 ~ 0.496	0.389 ~ 0.496	0.389 ~ 0.496
阿拉善盟	<0.253	0.497 ~ 0.660	0.389 ~ 0.496	0.389 ~ 0.496

（2）空间融合

2010—2022年，内蒙古空间融合水平从“小片区域”向“连片区域”变化，中、高发展水平旗县数量远高于低水平旗县数量，充分说明内蒙古空间融合发展的成果，如表10所示。2010年，内蒙古空间融合水平的高水平与中水平发展旗县共占内蒙古12盟市的58%，低水平盟市只有5个。2015年，内蒙古空间融合水平整体上呈现出“东高西低”的发展格局，内蒙古东部盟市空间融合水平最高，中部盟市最低，西部盟市中等。2020年，内蒙古空间融合水平的低水平盟市稳定在2个，高水平盟市保持稳定。2022年，内蒙古空间融合水平的较高水平盟市数量与2020年持平，中高等空间融合水平盟市较多，空间上大体呈现横“U”形。

表10　内蒙古空间融合发展水平空间分布特征

城市名称	2010 年	2015 年	2020 年	2022 年
呼和浩特市	0.129 ~ 0.262	>0.262	>0.262	>0.262
包头市	0.129 ~ 0.262	0.129 ~ 0.262	0.129 ~ 0.262	0.129 ~ 0.262
乌海市	>0.262	>0.262	>0.262	>0.262
赤峰市	0.100 ~ 0.128	0.100 ~ 0.128	0.129 ~ 0.262	0.129 ~ 0.262
通辽市	0.100 ~ 0.128	0.129 ~ 0.262	0.129 ~ 0.262	0.129 ~ 0.262
鄂尔多斯市	<0.057	0.057 ~ 0.099	0.100 ~ 0.128	0.100 ~ 0.128
呼伦贝尔市	0.057 ~ 0.099	0.100 ~ 0.128	0.129 ~ 0.262	0.129 ~ 0.262
巴彦淖尔市	0.100 ~ 0.128	0.129 ~ 0.262	0.129 ~ 0.262	0.129 ~ 0.262
乌兰察布市	0.057 ~ 0.099	0.100 ~ 0.128	0.129 ~ 0.262	0.129 ~ 0.262
兴安盟	0.057 ~ 0.099	0.057 ~ 0.099	0.057 ~ 0.099	0.057 ~ 0.099
锡林郭勒盟	<0.057	<0.057	<0.057	<0.057
阿拉善盟	<0.057	<0.057	<0.057	<0.057

注：低（<0.057）、较低（0.057～0.099）、中等（0.100～0.128）、较高（0.129～0.262）、高（>0.262）。

（3）人口融合

2010—2022年内蒙古人口融合水平从“两边高，中间低”向“西高”演变，如表11所示。2010年，内蒙古人口融合水平处于低水平的盟市有1个，较低水平的盟市有5个，低水平及较低水平的盟市占12个盟市的50%，说明内蒙古人口融合水平为中等。2015年，内蒙古人口融合水平逐步上升，较高水平发展盟市增加了2个，低水平及较低水平盟市由6个减少为5个。2020年，内蒙古人口融合水平有所降低，低水平及较低水平盟市数量上升至7个。2022年，内蒙古人口融合水平与2020年保持一致。

表11　内蒙古人口融合发展水平空间分布特征

城市名称	2010 年	2015 年	2020 年	2022 年
呼和浩特市	0.295 ~ 0.532	>0.532	>0.532	>0.532
包头市	0.295 ~ 0.532	0.295 ~ 0.532	0.295 ~ 0.532	0.295 ~ 0.532
乌海市	>0.532	>0.532	>0.532	>0.532
赤峰市	0.081 ~ 0.183	0.081 ~ 0.183	0.295 ~ 0.532	0.295 ~ 0.532
通辽市	0.081 ~ 0.183	0.081 ~ 0.183	0.081 ~ 0.183	0.081 ~ 0.183
鄂尔多斯市	0.184 ~ 0.294	0.295 ~ 0.532	0.184 ~ 0.294	0.184 ~ 0.294
呼伦贝尔市	0.184 ~ 0.294	0.184 ~ 0.294	0.081 ~ 0.183	0.081 ~ 0.183
巴彦淖尔市	0.081 ~ 0.183	0.081 ~ 0.183	<0.081	<0.081
乌兰察布市	0.081 ~ 0.183	0.081 ~ 0.183	0.081 ~ 0.183	0.081 ~ 0.183
兴安盟	<0.081	<0.081	<0.081	<0.081
锡林郭勒盟	0.081 ~ 0.183	0.184 ~ 0.294	0.081 ~ 0.183	0.081 ~ 0.183
阿拉善盟	0.184 ~ 0.294	0.295 ~ 0.532	0.184 ~ 0.294	0.184 ~ 0.294

注：低（<0.081）、较低（0.081~0.183）、中等（0.184~0.294）、较高（0.295~0.532）、高（>0.532）。

（4）生态融合

2010—2022年内蒙古生态融合水平空间分布向高水平连片发展，呈较强的空间关联性，如表12所示。2010—2015年，内蒙古生态融合水平高的盟市数量急速增加，由1个上升至5个，低水平及较低水平盟市全面转变为中等水平或较高水平。2015—2020年，内蒙古生态融合水平继续向高水平进发，高水平盟市占比达83%。2022年内蒙古生态融合水平高及较高的盟市已达到91%，中等水平盟市只剩1个。

表12 内蒙古生态融合发展水平空间分布特征

城市名称	2010 年	2015 年	2020 年	2022 年
呼和浩特市	0.149 ~ 0.261	>0.261	>0.261	>0.261
包头市	0.149 ~ 0.261	>0.261	>0.261	>0.261
乌海市	0.081 ~ 0.148	>0.261	>0.261	>0.261
赤峰市	0.042 ~ 0.080	0.081 ~ 0.148	0.081 ~ 0.148	0.149 ~ 0.261
通辽市	<0.042	0.081 ~ 0.148	0.149 ~ 0.261	0.149 ~ 0.261
鄂尔多斯市	0.081 ~ 0.148	0.149 ~ 0.261	>0.261	>0.261
呼伦贝尔市	0.042 ~ 0.080	0.081 ~ 0.148	0.081 ~ 0.148	0.081 ~ 0.148
巴彦淖尔市	0.042 ~ 0.080	0.081 ~ 0.148	0.149 ~ 0.261	0.149 ~ 0.261
乌兰察布市	0.081 ~ 0.148	>0.261	>0.261	>0.261
兴安盟	0.042 ~ 0.080	0.081 ~ 0.148	0.149 ~ 0.261	0.149 ~ 0.261
锡林郭勒盟	<0.042	0.149 ~ 0.261	>0.261	>0.261
阿拉善盟	>0.261	>0.261	>0.261	>0.261

注：低（<0.042）、较低（0.042～0.080）、中等（0.081～0.148）、较高（0.149～0.261）、高（>0.261）。

（5）社会融合

2010—2022年内蒙古社会融合水平呈现出连片发展的空间分布格局，

高水平、中等水平旗县数量持续上升，如表13所示。2010年，内蒙古社会融合水平高与中等的旗县主要集中在中部与东部，数量占12个盟市的58%，发展水平低的盟市数量是1个。2015年，内蒙古社会融合水平高的盟市数量稳步上升，由1个上升到3个。2020年内蒙古社会融合水平高及较高的盟市在内蒙古东部与中部扩散，占比共达50%；中等水平盟市数量增加1个；低水平盟市数量保持不变。2022年内蒙古社会融合水平空间分布与2020年大致保持一致，继续集中连片发展，高水平与中等水平盟市数量有9个，占总量的75%。

表13　内蒙古社会融合发展水平空间分布特征

城市名称	2010 年	2015 年	2020 年	2022 年
呼和浩特市	0.406 ~ 0.613	0.406 ~ 0.613	0.406 ~ 0.613	>0.613
包头市	0.406 ~ 0.613	>0.613	>0.613	>0.613
乌海市	<0.149	0.149 ~ 0.309	0.149 ~ 0.309	<0.149
赤峰市	>0.613	>0.613	>0.613	>0.613
通辽市	0.406 ~ 0.613	>0.613	>0.613	>0.613
鄂尔多斯市	0.149 ~ 0.309	0.149 ~ 0.309	0.310 ~ 0.405	0.406 ~ 0.613
呼伦贝尔市	0.406 ~ 0.613	0.406 ~ 0.613	0.406 ~ 0.613	0.406 ~ 0.613
巴彦淖尔市	0.310 ~ 0.405	0.310 ~ 0.405	0.310 ~ 0.405	0.310 ~ 0.405
乌兰察布市	0.310 ~ 0.405	0.406 ~ 0.613	0.406 ~ 0.613	0.310 ~ 0.405
兴安盟	0.149 ~ 0.309	0.310 ~ 0.405	0.310 ~ 0.405	0.310 ~ 0.405
锡林郭勒盟	0.149 ~ 0.309	0.149 ~ 0.309	0.149 ~ 0.309	0.149 ~ 0.309
阿拉善盟	<0.149	<0.149	<0.149	<0.149

注：低（<0.149）、较低（0.149 ~ 0.309）、中等（0.310 ~ 0.405）、较高（0.406 ~ 0.613）、高（>0.613）。

（6）空间集聚模式分析

为深入探索2010—2022年内蒙古12盟市城乡融合发展水平的空间关联程度，本章节利用Arcgis10.8软件计算全局Moran’s I指数衡量内蒙古12盟市城乡融合发展的空间相关性。

表14　全局墨兰指数测度分析表

年份	2010	2011	2012	2013	2014	2015	2016	2017	2018	2019	2020	2021	202
Moran’s I	0.230	0.335	–0.011	–0.019	–0.022	–0.075	–0.091	–0.074	–0.203	–0.140	–0.210	–0.137	–0.1
Z 值	1.756	2.039	0.535	3.079	0.427	0.093	–0.003	0.099	–0.620	–0.267	–0.642	–0.246	–0.2
P 值	0.078	0.041	0.592	0.662	0.669	0.925	0.997	0.921	0.534	0.789	0.520	0.805	0.76

如表14所示，2010—2022年，内蒙古草原畜牧业高质量发展的空间Moran’s I指数除2010年与2011年大于0，其他时间小于0，P值大于0.05，未能通过显著性检验，说明内蒙古12个盟市城乡融合发展水平不存在正空间相关性，因此不再继续分析空间聚集效应。

六、本章小结

本章对内蒙古城乡融合发展现状进行了全面系统的分析。笔者构建了一个包含经济融合、空间融合、人口融合、生态融合和社会融合5个维度的评价指标体系，涵盖14个具体指标，为评估提供科学依据。在研究方法上，采用熵值TOPSIS法对内蒙古城乡融合发展水平进行综合评价，并结合空间自相关模型分析其空间特征，确保研究结果的可靠性和全面性。评价结果显示，2010—2022年，内蒙古城乡融合发展水平整体呈波动上升趋势，但12个盟市发展不均衡，可分为3个层次，其中乌海市、呼和浩特市等4个盟市发展水平较高。时间变化特征分析表明，2014年后发展速度明显提升，但人口融合水平呈负增长，成为制约因素；其他4个维度均呈现正增长。空间变化特征呈现“两边高，中间低”的格局，西部变化较大，中部水平稳步提高，东部稳步上升。各维度的空间格局各有特点，如经济融合由“中间高，两边低”向“均匀分布”演变。空间集聚分析发现，内蒙古12个盟市城乡融合发展水平不存在显著的正空间相关性。这些发现不仅揭示了内蒙古城乡融合发展取得的进展，也指出了其面临的挑战，为制定针对性政策、促进区域协调发展和提升整体城乡融合水平提供了重要的理论和实践依据。

第四章　内蒙古数字化发展的定量评价

一、内蒙古数字化指标体系构建

为全面评估内蒙古的数字化发展水平，需要建立一个科学合理的评价体系，该体系应充分考虑内蒙古12个盟市的数字化发展状况，并与我国数字经济的现阶段发展相适应。本研究以中国信息通信研究院2023年发布的《中国数字经济发展研究报告》为理论基础，结合《内蒙古自治区国民经济和社会发展第十四个五年规划和2035年远景目标纲要》《国务院关于印发"十四五"数字经济发展规划的通知》等政策文件，并参考了相关学者的研究成果。在此基础上，构建一个兼顾内蒙古12盟市数字化发展特点、数字化高质量发展理念的评价体系。评价体系包含3个主要维度，下设6个具体指标。体系结构设计旨在全面、准确地反映内蒙古的数字化发展水平，同时也为评估内蒙古数字化程度提供了有力工具。

（一）评价指标体系的确定

根据上一章确定的评价原则，本研究将评价指标体系分为4个层次：目标层、一级指标层、二级指标层和三级指标层。目标层用于评价内蒙古数字化总体水平，并反映内蒙古数字化水平的时空格局特征。一级指标层代表内蒙古数字化发展水平的三个评价标准。二级指标层包括7个状态表征指标，如互联网普及率、电话普及率、数字金融水平、计算机服务和软件从业人员占比、人均电信业务总量等。三级指标层则是具体测算这7个状态表征指标的具体公式（如表15所示）。

1.数字基础设施

数字基础设施建设是推动内蒙古数字化发展的重要力量源泉，也是数字化可持续发展的基础。

首先，数字基础设施是创新驱动的基础。数字基础设施为新技术应用和商业模式创新提供平台。例如，5G网络的部署可能促进智能矿山、智慧农业等新兴领域的发展。

其次，数字基础设施可以促进数据要素流动。在数字经济时代，数据已成为关键生产要素。高质量的数字基础设施可以确保数据的高效采集、传输和处理，为大数据分析和人工智能应用奠定基础。

最后，产业结构方面的影响。 内蒙古的主导产业包括能源、农牧业等传统行业。完善的数字基础设施有助于这些传统产业进行数字化升级，提高生产效率和管理水平。因此，数字基础设施是内蒙古发展数字经济的关键支撑，也是评价其数字化水平的基础指标。

构成数字基础设施的二级指标包括互联网普及率及电话普及率，指标具体含义如下。

（1）互联网普及率

互联网普及率是衡量数字基础设施的关键指标。

一是互联网是连接的基础。互联网普及率直接反映出一个地区的网络连接能力，是数字经济发展的基础，因为几乎所有的数字服务和应用都依赖于互联网连接。

二是互联网作为数字鸿沟指标。互联网普及率可以揭示地区间或人群间的数字鸿沟。对于制定针对性政策，促进数字包容至关重要。草原畜牧业的机械化能够提高饲料作物的生产效率，降低饲料损失的程度。

三是提高经济参与度。高互联网普及率意味着更多的人能够参与数字经济活动，如电子商务、在线教育、远程办公等，直接关系到一座城市的数字经济潜力。

综上所述，互联网普及率对于内蒙古数字化发展具有重要的积极影响，因此属于正向指标。

计算公式：

互联网普及率=每百人互联网用户数

（2）电话普及率

内蒙古这样地域辽阔、人口分布不均的地区，电话普及率是评估其数字基础设施水平的重要指标。

首先，电话是数字支付的基础。移动支付和数字金融服务通常依赖于移动电话网络。电话普及率直接影响这些服务的潜在用户群，如照明、取暖、烹饪、互联网与电话的使用。

其次，电话是应急通信保障的基础。电话网络是应急通信系统的重要组成部分。普及率反映了一个盟市的应急通信能力。

最后，电话网络代表物联网的发展潜力。移动通信网络是物联网应用的重要载体。高普及率为大规模物联网部署创造了条件。因此，电话普及率可以作为正向指标。

计算公式：

电话普及率=每百人移动电话用户数

2.生产数字化

生产数字化直接代表内蒙古数字化水平的发展程度。

首先，生产数字化是经济转型的需求。内蒙古正面临产业升级和经济转型的压力。生产数字化是推动传统产业高质量发展的关键路径。

其次，数字基础设施是创新驱动的基础。数字基础设施为新技术应用和商业模式创新提供平台。例如，5G网络的部署可能促进智能矿山、智慧农业等新兴领域的发展。

再次，生产数字化能提高资源利用效率。作为资源大省，内蒙古的生产数字化水平直接影响资源的开发效率和可持续利用，这对区域经济发展至关重要。

最后，生产数字化是实现农牧业现代化的抓手。对内蒙古的农牧业而言，数字化是实现现代化、精准化管理的关键，直接关系到产业升级。

构成数字基础设施的二级指标包括数字金融水平及计算机服务和软件从业人员占比。指标含义如下。

（1）数字金融水平

数字金融水平不仅能反映金融服务的现代化程度，更是衡量整个生产体系数字化转型的晴雨表。其能打通资金、信息、技术等要素的流动渠道，为生产数字化提供强有力的支撑。数字金融水平通过提升融资效率、革新支付体系、增强风险管理、支持产业链金融和推进普惠金融，直接影响企业的生产效率和创新能力。对内蒙古这样地域广阔、经济结构多元的地区而言，数字金融能突破地理限制，为农牧区和偏远地区提供更多金融服务机会，同时也便利跨境贸易，助力企业融入全球产业链。此外，数字金融还推动金融科技应用、数据资产价值化和绿色金融发展，这些都是数字经济时代生产要素重组和可持续发展的重要体现。分析数字金融水平指标，可以全面评估数字金融对生产数字化的支撑作用，从而深入理解区域经济的数字化转型进程和潜力。因此，数字金融水平为正向指标。

计算公式：

数字金融水平=北京大学数字普惠金融指数

（2）计算机服务和软件从业人员占比

计算机服务和软件从业人员占比能够反映一个盟市数字化人才储备和技术创新能力的水平。计算机服务和软件从业人员占比指标不仅体现出企业数字化转型的人才支撑，也是产业结构优化和创新潜力的直接体现。高比例的计算机和软件人才有助于开发本地化解决方案，构建数字生态系统，推动智能制造和工业互联网的发展。对内蒙古而言，该指标还能反映地区留住和吸引高技术人才的能力以及传统优势产业数字化转型的程度。通过分析这些人才在总就业人口中的占比，可以全面评估一个地区的生产数字化水平和未来发展潜力。因此，计算机服务和软件从业人员占比为正向指标。

计算公式：

计算机服务和软件从业人员占比=计算机服务和软件从业人员/第三产业就业人员

3.流通数字化

流通数字化是反映内蒙古商品和服务流通效率及现代化程度的基础，同时也能体现内蒙古区域经济数字化转型水平。内蒙古正面临产业升级和经济转型的压力。对于地域辽阔、产业结构多元的内蒙古而言，流通数字化不仅能提高资源配置效率，还能为特色产品开拓更广阔的市场，推动供应链现代化和消费模式转变。构成流通数字化的二级指标包括人均电信业务总量和人均邮政业务总量和人均邮政业务总量。指标含义如下。

（1）人均电信业务总量

人均电信业务总量指标直接反映出一个地区的数字基础设施使用强度和信息流通能力，是评估数字经济发展水平的重要指标之一。

首先，从基础设施使用角度来看，高人均电信业务总量意味着数字基础设施得到了充分利用。这不仅体现出前期基础设施投资的效果，也说明居民和企业对数字化服务的高度接受和依赖。充分利用数字基础设施可以有效克服地理障碍，促进资源的高效流动和分配。

其次，人均电信业务总量指标深刻反映出商业活动的数字化程度。较高的人均电信业务量往往与线上营销、远程办公、电子订单处理等数字化商业实践密切相关。这意味着企业正在积极拥抱数字技术，通过数字渠道开展业务，提高运营效率。因此，人均电信业务总量为正向指标。

计算公式：

人均电信业务总量=电信业务收入/年末总人口

（2）人均邮政业务总量

人均邮政业务总量作为衡量流通数字化的指标，与数字经济发展密切相关，尤其对内蒙古这样地域辽阔、经济结构多元的地区具有特殊意义。现代邮政系统已与电子商务、物流配送等数字经济核心领域深度融合，高业务量反映出活跃的电商活动和发达的物流网络。对内蒙古而言，邮政网络是连接城乡、促进区域协调发展的重要纽带，支持特色农牧产品进入全国市场，促进“互联网+农牧业”的发展。邮政系统在跨境包裹递送方面的业务增长直接体现了其参与全球数字贸易的程度。此外，邮政网点转型为综合服务中心，提供电子政务、金融服务等数字化服务，其业务量增长代表这些服务的普及程度。因此，人均邮政业务总量为正向指标。

计算公式：

人均邮政业务总量=邮政业务总量/年末总人口

表15　内蒙古数字化发展水平评价指标体系

一级指标	二级指标	三级指标	属性
数字基础设施	互联网普及率	每百人互联网用户数	正
	电话普及率	每百人移动电话用户数	正
生产数字化	数字金融水平	北京大学数字普惠金融指数	正
	计算机服务和软件从业人员占比	计算机服务和软件从业人员 / 第三产业就业人员	正
流通数字化	人均电信业务总量	电信业务收入 / 年末总人口	正
	人均邮政业务总量	邮政业务总量 / 年末总人口	正

二、内蒙古数字化发展的评价结果

（一）综合评价

2010—2022年，内蒙古12盟市数字化发展水平均值维持在0.318~0.601之间，相差1.89倍，盟市间发展水平有明显差异，如表16所示。

根据整体发展水平均值，对内蒙古12盟市的数字化发展水平均值进行排列，可以分为3个层次。

阿拉善盟、通辽市、赤峰市、鄂尔多斯市、兴安盟、呼伦贝尔市6个盟市为第一个层次，数字化发展水平均值在0.541~0.601。这是因为这些地区地理位置优越，综合实力较强劲，同时资源丰富，科技发展水平较高，为数字化高质量发展提供了必要条件。

锡林郭勒盟、乌兰察布市、乌海市、巴彦淖尔市、包头市5个盟市为第二个梯队，数字化发展均值在0.385~0.452，发展条件仅次于第一梯队盟市。

呼和浩特市为第三个层次，数字化发展均值为0.318。尽管呼和浩特市作为自治区首府，拥有丰富的资源，但要加快实现数字化的高质量发展，在培养人才、科技进步、提升基础设施水平和经济基础等方面的支持至关重要。

表16 2010—2022年内蒙古12盟市数字化发展综合评价指数

盟市	2010	2011	2012	2013	2014	2015	2016	2017	2018	2019	2020	2021	2022	均值
呼和浩特市	0.455	0.48	0.449	0.157	0.378	0.102	0.746	0.128	0.331	0.068	0.185	0.368	0.292	0.318
包头市	0.697	0.434	0.525	0.288	0.369	0.12	0.37	0.127	0.78	0.166	0.507	0.493	0.132	0.385
呼伦贝尔市	0.18	0.383	0.56	0.622	0.687	0.329	0.238	0.369	0.499	0.896	0.669	0.705	0.899	0.541
兴安盟	0.327	0.377	0.511	0.658	0.836	0.765	0.945	0.334	0.528	0.419	0.902	0.242	0.374	0.555
通辽市	0.495	0.731	0.927	0.45	0.295	0.195	0.405	0.466	0.543	0.998	0.842	0.811	0.529	0.591
赤峰市	0.246	0.686	0.313	0.749	0.865	0.877	0.176	0.906	0.394	0.787	0.746	0.269	0.492	0.577
锡林郭勒盟	0.626	0.534	0.2	0.143	0.429	0.446	0.438	0.738	0.402	0.683	0.144	0.894	0.145	0.448
乌兰察布市	0.547	0.295	0.444	0.404	0.581	0.301	0.46	0.687	0.196	0.307	0.649	0.491	0.509	0.452
鄂尔多斯市	0.611	0.64	0.555	0.661	0.475	0.581	0.791	0.274	0.891	0.576	0.28	0.516	0.397	0.558
巴彦淖尔市	0.401	0.282	0.24	0.503	0.541	0.579	0.117	0.162	0.178	0.134	0.526	0.741	0.62	0.386
乌海市	0.148	0.387	0	0.44	0.716	0.295	0.548	0.725	0.804	0.079	0.437	0.104	0.442	0.394
阿拉善盟	0.385	0.313	0.469	0.779	0.738	0.749	0.564	0.663	0.834	0.48	0.54	0.678	0.622	0.601

（二）时间变化特征

1.总体时序特征

根据内蒙古数字化发展综合评价指数（如图7所示），内蒙古数字化发展水平整体呈波动上升的时序特征。从整体看，2010—2011年，内蒙古数字化发展指数由0.427上升至0.462；2011—2012年，指数略有下降，从0.462降至0.433；2012—2014年，指数快速上升，从0.433上升到0.576，年均增长15.3%，增速显著；2014—2015年，指数出现明显下降，从0.576降至0.445；2015—2020年，指数整体呈现波动上升趋势，最终在2020年达到0.536的高点，这是由于5G、大数据、人工智能等新技术的应用推动了数字化水平的提升；2020—2022年，指数有所回落，从0.536下降至0.454。

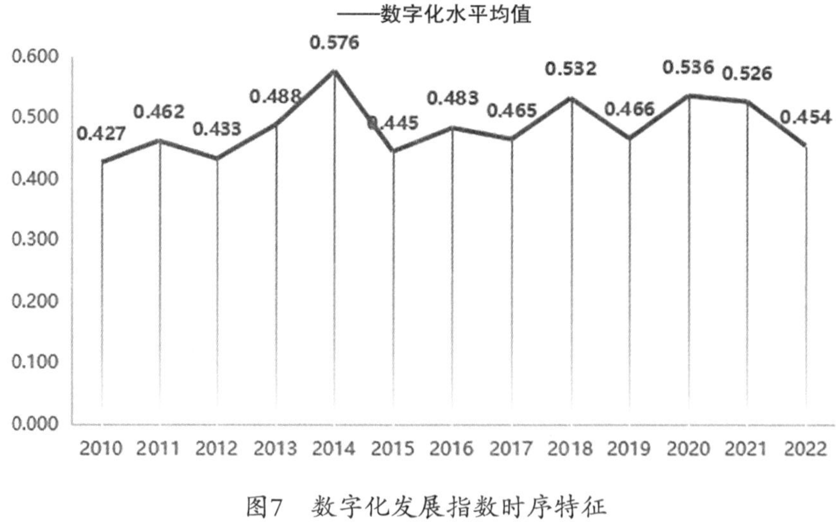

图7　数字化发展指数时序特征

从发展趋势看，内蒙古各盟市数字化发展水平时序演变趋势差异较为明显，如表16所示。2010—2022年间，呼伦贝尔市、兴安盟、通辽市、赤峰市、阿拉善盟5个盟市的数字化发展水平保持快速增长，呈波动上升趋势。其中，呼伦贝尔市和兴安盟的数字化发展指数增速最快。锡林郭勒盟、乌兰察布市、鄂尔多斯市、巴彦淖尔市、乌海市5个盟市的数字化发展水平呈现波动趋势，但整体呈上升趋势。呼和浩特市、包头市2个盟市的数字化发展水平处于波动下降状态，但下降趋势有所放缓。这可能是由于这两个地区早期数字化发展水平较高，近年来增长空间有限，也可能受到外部因素，如经济环境变化的影响。

综上所述，内蒙古12盟市的数字化发展呈现出不均衡的特点，各地区发展水平和趋势存在明显差异。这种差异可能源于各地区的经济基础、产业结构、人才储备以及政策支持力度的不同。

2.分维度时序特征

三大发展维度中，数字基础设施发展能力是内蒙古数字化发展的短板，年均增长率呈负增长状态。生产数字化发展能力、流通数字化发展能力两个维度则表现为年均正增长，体现出持续进步的良好态势。

如图8所示，内蒙古数字基础设施发展能力均值整体呈波动趋势，年均增长率为-0.86%，呈不规则波动。从整体看，内蒙古数字基础设施发展能力相对稳定，但均值始终保持在0.4以上。内蒙古高质量发展离不开数字基础设施作为支撑。当前，内蒙古数字基础设施发展能力仍有提升空间。在推进数字化转型的同时，更需重视提升数字基础设施的建设水平与使用效率，以数字技术创新为核心，推进产业结构和经营模式的优化升级。为此，必须加大对内蒙古数字基础设施建设的投入和支持，构建适应现代化发展需要的新型数字生态系统。同时，通过深化人才培养机制改革，提高数字技术人才的比例，培养一支既懂技术又懂应用的复合型人才队伍，从而为内蒙古数字化发展注入新的活力。2010—2011年，内蒙古数字基础设施发展能力稳步上升，由0.487上升至0.549；2011—2012年，略有下降，至0.494；2012—2014年，呈现稳定上升趋势，从0.494上升至0.542；2014—2015年，略有下降，至0.491；2015—2016年，又有所回升，至0.548；2016—2017年，出现较大幅度下降，至0.471；2017—2018年，回升至0.529；2018—2019年，再次下降至0.460；2019—2021年，连续两年上升，达到0.569的最高点；2021—2022年，内蒙古数字基础设施发展能力迅速下降，降至0.439的最低点。

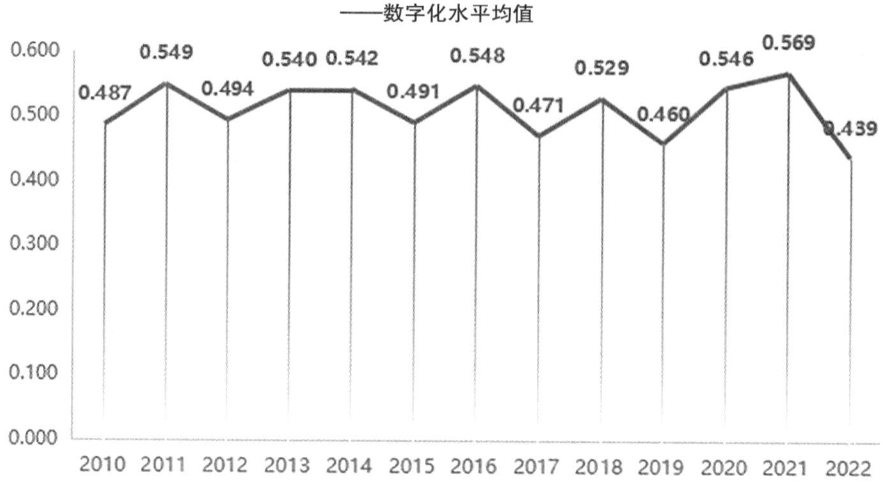

图8　数字基础设施发展指数的时序特征

从盟市来看，内蒙古各盟市数字基础设施发展能力水平差异明显。阿拉善盟、呼伦贝尔市、赤峰市、鄂尔多斯市及通辽市数字基础设施发展能力最好，发展能力指数均值均在0.55以上。包头市、巴彦淖尔市、呼和浩特市、乌兰察布市的数字基础设施发展能力得分较低，发展能力指数均值不足0.45。

从发展趋势看，内蒙古各盟市数字基础设施发展能力水平演变趋势存在明显差异。2010—2022年，呼伦贝尔市、通辽市、赤峰市、鄂尔多斯市及阿拉善盟5个盟市的数字基础设施发展指数呈波动上升趋势。其中，呼伦贝尔市和通辽市数字基础设施发展能力指数增速较快。其他盟市数字基础设施发展能力波动较大，整体表现为波动下降状态，尤其是包头市、呼和浩特市的下降趋势较为明显。综上所述，内蒙古数字基础设施发展呈现出区域发展不平衡、发展不稳定等特征。

表17　内蒙古数字基础设施发展时序特征分析表

盟市	2010	2011	2012	2013	2014	2015	2016	2017	2018	2019	2020	2021	2022	均值
呼和浩特市	0.653	0.574	0.598	0.208	0.514	0.119	1	0.077	0.325	0.05	0.171	0.392	0.226	0.377
包头市	1	0.487	0.665	0.4	0.308	0.041	0.539	0	0.857	0.071	0.588	0.57	0	0.425
呼伦贝尔市	0.121	0.531	0.813	0.55	0.567	0.297	0.3	0.488	0.554	0.942	0.775	0.845	1	0.599
兴安盟	0.253	0.202	0.471	0.574	0.735	0.716	0.897	0.262	0.409	0.439	0.87	0.298	0.364	0.499
通辽市	0.36	0.667	1	0.403	0	0.146	0.503	0.401	0.501	1	0.957	0.819	0.51	0.559
赤峰市	0	0.927	0.238	0.858	0.913	0.906	0.137	1	0.361	0.856	0.915	0.339	0.429	0.606
锡林郭勒盟	0.87	0.936	0.213	0	0.44	0.396	0.505	0.682	0.414	0.703	0	0.993	0.034	0.476
乌兰察布市	0.628	0	0.463	0.453	0.449	0.299	0.419	0.857	0.067	0.277	0.654	0.493	0.537	0.430
鄂尔多斯市	0.632	0.791	0.588	0.795	0.366	0.691	0.953	0.211	0.902	0.578	0.103	0.494	0.483	0.584
巴彦淖尔市	0.588	0.313	0.155	0.575	0.448	0.922	0	0.108	0.06	0.072	0.526	0.894	0.567	0.402
乌海市	0.221	0.559	0	0.663	0.821	0.377	0.665	0.885	0.988	0	0.395	0	0.536	0.470
阿拉善盟	0.517	0.602	0.728	1	0.946	0.982	0.661	0.682	0.91	0.532	0.599	0.693	0.581	0.726

3.生产数字化发展能力

如图9所示，内蒙古生产数字化发展能力均值整体呈现波动上升趋势，年均增长率为0.15%。从整体看，内蒙古生产数字化发展能力相对稳定，均值始终保持在0.4以上。内蒙古产业高质量发展离不开生产数字化驱动，当前内蒙古生产数字化发展能力仍有较大的提升空间。在推进产业转型升级的同时，更要重视提升生产数字化水平与效率，以数字技术创新为核心，推进产业结构和生产模式的优化升级。为此，必须加大对内蒙古生产数字化的投入和支持，构建适应现代产业发展需要的新型数字化生产体系。2010—2011年，内蒙古生产数字化发展能力快速上升，由0.415上升至0.573；2011—2013年，呈下降趋势，降至0.459；2013—2014年，大幅上升至0.602，达到观察期内的最高点；2014—2015年，显著下降至0.399；2015—2016年，回升至0.491；2016—2017年，再次下降至0.445；2017—2018年，上升至0.507；2018—2019年，下降至0.438；2019—2021年，连续两年上升，达到0.558；2021—2022年，内蒙古生产数字化发展能力再次下降，降至0.422。

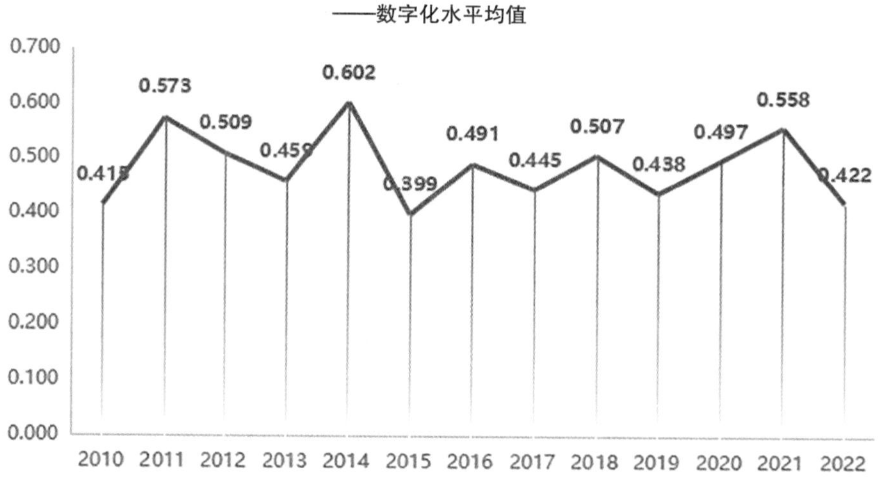

图9　生产数字化发展指数的时序特征

如表18所示，分盟市看，内蒙古各盟市生产数字化发展能力水平差异明显。阿拉善盟、兴安盟、赤峰市、鄂尔多斯市及呼伦贝尔市生产数字化发展能力最好，发展能力指数均值在0.54以上；巴彦淖尔市、乌兰察布市、乌海市、呼和浩特市的生产数字化发展能力得分较低，发展能力指数均值不足0.41。从发展趋势看，内蒙古各盟市生产数字化发展能力水平时间演变趋势存在明显差异。2010—2022年，呼伦贝尔市、兴安盟、通辽市、阿拉善盟4个盟市的生产数字化发展指数呈波动上升趋势，其中，呼伦贝尔市和兴安盟生产数字化发展能力指数增速较快。其他盟市生产数字化发展能力波动较大，整体表现为波动下降状态，尤其是包头市、呼和浩特市的下降趋势较为明显。

表18　内蒙古生产数字化发展时序特征分析表

盟市	2010	2011	2012	2013	2014	2015	2016	2017	2018	2019	2020	2021	2022	均值
呼和浩特市	0.479	0.85	0.589	0.195	0.429	0.068	0.972	0.189	0.338	0.091	0.204	0.534	0.362	0.408
包头市	1	0.67	0.655	0.268	0.376	0.064	0.338	0.132	0.747	0.192	0.46	0.683	0	0.430
呼伦贝尔市	0.077	0.426	0.718	0.629	0.775	0.294	0.174	0.246	0.458	0.876	0.576	0.772	1	0.540
兴安盟	0.237	0.416	0.672	0.652	0.936	0.813	0.953	0.321	0.594	0.32	1	0.185	0.28	0.568
通辽市	0.255	0.545	1	0.248	0	0.072	0.356	0.511	0.541	0.997	0.769	0.681	0.47	0.496
赤峰市	0	0.681	0.241	0.797	0.929	0.939	0.078	1	0.415	0.743	0.668	0.262	0.545	0.561
锡林郭勒盟	0.734	0.945	0.206	0	0.358	0.439	0.456	0.84	0.333	0.664	0	1	0.079	0.466
乌兰察布市	0.579	0.008	0.463	0.262	0.654	0.251	0.441	0.535	0	0.29	0.638	0.538	0.436	0.392
鄂尔多斯市	0.64	0.932	0.694	0.644	0.525	0.497	0.743	0.204	0.899	0.502	0.131	0.609	0.214	0.556
巴彦淖尔市	0.344	0.131	0.197	0.416	0.554	0.439	0	0.117	0.115	0.144	0.602	0.686	0.671	0.340
乌海市	0.156	0.778	0	0.401	0.925	0.213	0.635	0.628	0.775	0.003	0.465	0	0.337	0.409

续表

盟市	2010	2011	2012	2013	2014	2015	2016	2017	2018	2019	2020	2021	2022	均值
阿拉善盟	0.473	0.491	0.67	1	0.757	0.698	0.74	0.612	0.863	0.437	0.456	0.742	0.667	0.662

4.流通数字化发展能力

如图10所示，内蒙古流通数字化发展能力均值整体呈上升趋势，年均增长率为3.30%，呈现波动上升态势。从整体看，内蒙古流通数字化发展能力稳步提升，均值从2010年的0.402上升到2022年的0.593。这是由于在推进流通现代化的过程中，内蒙古高度重视流通数字化水平与效率的提升，以数字技术创新为核心，成功推进了流通结构和模式的优化升级。自治区政府加大了对流通数字化的投入和支持力度，构建出适应现代流通发展需要的新型数字化流通体系。2010—2011年，内蒙古流通数字化发展能力略有上升，由0.402上升至0.405；2011—2012年，略有下降， 降至0.394；2012—2014年，呈现快速上升趋势，从0.394上升至0.594，达到观察期内的最高点；2014—2016年，出现下降趋势，降至0.451；2016—2018年，连续两年上升，达到0.557；2018—2019年，略有下降，降至0.529；2019—2020年，小幅上升至0.553；2020—2021年，再次下降至0.493；2021—2022年，内蒙古流通数字化发展能力显著上升，达到0.593的最高点。

分盟市看，内蒙古各盟市流通数字化发展能力水平差异明显，如表19所示。通辽市、兴安盟、鄂尔多斯市、呼伦贝尔市及赤峰市流通数字化发展能力最好，发展能力指数均值在0.53以上；呼和浩特市、包头市、乌海市的流通数字化发展能力得分较低，发展能力指数均值不足0.39。从发展趋势看，内蒙古各盟市流通数字化发展能力水平时间演变趋势存在明显差异。2010—2022年，呼伦贝尔市、兴安盟、通辽市、鄂尔多斯市、巴彦淖尔市及阿拉善

图10　流通数字化发展指数的时序特征

盟6个盟市的流通数字化发展指数呈波动上升趋势。其中，呼伦贝尔市和通辽市流通数字化发展能力指数增速较快。其他盟市流通数字化发展能力波动较大，整体表现为波动状态，尤其是呼和浩特市的波动幅度较大且整体水平较低。

表19　内蒙古流通数字化发展时序特征分析表

盟市	2010	2011	2012	2013	2014	2015	2016	2017	2018	2019	2020	2021	2022	均值
呼和浩特市	0.315	0.354	0.356	0.052	0.156	0.17	0.592	0	0.332	0	0.176	0.235	0.205	0.226
包头市	0.483	0.339	0.437	0.245	0.431	0.331	0.308	0.224	0.709	0.3	0.446	0.343	0.37	0.382
呼伦贝尔市	0.276	0.328	0.438	0.653	0.778	0.543	0.259	0.344	0.464	0.843	0.662	0.621	0.71	0.532
兴安盟	0.446	0.404	0.472	0.716	0.961	0.702	0.998	0.453	0.642	0.637	0.882	0.243	0.76	0.640
通辽市	0.725	0.812	0.904	0.663	0.476	0.42	0.402	0.5	0.62	1	0.862	0.944	0.876	0.708
赤峰市	0.42	0.646	0.358	0.66	0.796	0.674	0.25	0.79	0.417	0.703	0.681	0.24	0.504	0.549

续表

盟市	2010	2011	2012	2013	2014	2015	2016	2017	2018	2019	2020	2021	2022	均值
锡林郭勒盟	0.451	0.356	0.192	0.229	0.474	0.609	0.384	0.694	0.497	0.665	0.299	0.853	0.41	0.470
乌兰察布市	0.469	0.386	0.429	0.517	0.683	0.454	0.495	0.902	0.374	0.435	0.659	0.464	0.743	0.539
鄂尔多斯市	0.57	0.55	0.5	0.616	0.567	0.724	0.794	0.508	0.859	0.852	0.521	0.468	0.787	0.640
巴彦淖尔市	0.344	0.315	0.282	0.568	0.651	0.7	0.182	0.294	0.357	0.245	0.402	0.726	0.616	0.437
乌海市	0.081	0.208	0	0.361	0.547	0.462	0.404	0.717	0.684	0.23	0.462	0.146	0.546	0.373
阿拉善盟	0.242	0.166	0.361	0.655	0.604	0.665	0.348	0.728	0.73	0.432	0.586	0.637	0.592	0.519

（三）空间变化特征

本章节同样采取上一章节的分析方法，根据熵值TOPSIS的测算结果，选择2010年、2015年、2020年及2022年4个时间节点，从总体演变分析角度与分维度分析角度出发，利用Arcgis10.8版本软件对内蒙古12盟市的数字化发展水平及其三大维度发展水平的空间分布差异及变化特征进行分析。

1.总体空间演变特征分析

与前文相同，本章节继续利用自然间断点分级法对其分级，划分出低、较低、中等、较高、高5个水平。由表20可以看出，内蒙古12个盟市数字化发展水平在每一阶段呈现明显特征。

2010—2015年，内蒙古数字化发展水平呈上升趋势，数字化发展高水平盟市由3个增加到5个，较高水平盟市由2个下降至0个，中等水平旗县数量由3个下降到2个。内蒙古数字化发展较高水平盟市数量最多，占比从25%上升至41%，低水平盟市与较低水平盟市数量保持不变。

2015—2020年，内蒙古数字化发展水平空间变化格局较大，发展水平整体处于上升态势。内蒙古数字化发展处于高水平的盟市数量保持不变，较高水平盟市数量上升，较低水平盟市数量保持不变。

2020—2022年，内蒙古草原畜牧业高质量发展水平整体处于下降状态。虽然草原畜牧业高质量发展处于高水平的旗县数量较2020年上升1个，较高水平旗县数量保持不变，但中等水平旗县数量下降严重，由13个减少至6个，较低水平旗县增加了1个，低水平旗县增加了4个。

总体而言，内蒙古数字化发展水平的空间演变特征整体呈现出“两边高、中间低”的格局。内蒙古东部盟市变化较大，数字化水平持续上升，中部盟市则缓步降到低水平状态，西部盟市发展水平保持稳定，始终处于较高水平、高水平的状态。分盟市看，阿拉善盟、巴彦淖尔市由中等发展水平发展到高水平、较高水平徘徊；鄂尔多斯市从高水平下降至较低水平，后又恢复至中等水平；呼伦贝尔市、通辽市、赤峰市及兴安盟由低水平、较低水平稳步上升到较高水平、高水平；乌海市始终处于较低的发展水平；锡林郭勒盟从高水平逐步跌落至低水平的发展状态。

表20　内蒙古数字化水平空间分布变化特征

城市名称	2010 年	2015 年	2020 年	2022 年
呼和浩特市	0.328 ~ 0.455	<0.181	0.181 ~ 0.327	0.181 ~ 0.327
包头市	>0.547	<0.181	>0.547	<0.181
乌海市	<0.181	0.181 ~ 0.327	0.328 ~ 0.455	0.328 ~ 0.455
赤峰市	0.181 ~ 0.327	>0.547	>0.547	0.456 ~ 0.547
通辽市	0.456 ~ 0.547	0.181 ~ 0.327	>0.547	0.456 ~ 0.547
鄂尔多斯市	>0.547	>0.547	0.181 ~ 0.327	0.328 ~ 0.455

续表

城市名称	2010 年	2015 年	2020 年	2022 年
呼伦贝尔市	<0.181	0.328 ~ 0.455	>0.547	>0.547
巴彦淖尔市	0.328 ~ 0.455	>0.547	0.456 ~ 0.547	>0.547
乌兰察布市	0.456 ~ 0.547	0.181 ~ 0.327	>0.547	0.456 ~ 0.547
兴安盟	0.181 ~ 0.327	>0.547	>0.547	0.328 ~ 0.455
锡林郭勒盟	>0.547	0.328 ~ 0.455	<0.181	<0.181
阿拉善盟	0.328 ~ 0.455	>0.547	0.456 ~ 0.547	>0.547

注：低（<0.181）、较低（0.181~0.327）、中等（0.328~0.455）、较高（0.456~0.547）、高（>0.547）。

2.分维度空间演变特征分析

基于对内蒙古数字化发展整体空间变化特征的掌握，本研究进一步聚焦于数字基础设施、生产数字化及流通数字化3个维度，对其空间变化特征展开综合分析，旨在深入探究内蒙古数字化发展的空间演变模式。研究选取2010年、2015年、2020年、2022年4个时间节点，运用自然间断点分级法将各维度发展水平划分为低、中、高3个等级，并统一分级标准以确保横向可比性。最后，借助ArcGIS10.8软件进行可视化分析，以直观呈现数字化发展的空间格局及其动态变化。多维度、多时序的分析方法有助于揭示内蒙古数字化发展的内在机理及区域差异，为制定具有针对性的数字化发展策略提供科学依据。

（1）数字基础设施

2010—2022年，内蒙古数字基础设施的空间变化格局从“由西向东”的发展格局演变成“两边高、中间低”的发展格局，如表21所示。2010年，内蒙古数字技术设施发展水平为低水平、较低水平的盟市数量为4个，只有包头市、锡林郭勒盟发展水平为高水平。2015年，阿拉善盟由中等水平变为高水平；巴彦淖尔市和鄂尔多斯市由较高水平发展为高水平。2020年，阿拉善盟降为较高水平盟市；东部的呼伦贝尔市及通辽市成功从较低水平发展盟市变为高水平发展盟市；乌兰察布市从较低发展水平上升为高水平发展盟市。2022年，内蒙古数字基础设施发展水平整体退步，高水平发展盟市数量降至1个，低水平发展旗县数量保持不变，中等水平盟市下降到4个。

表21　内蒙古数字基础设施水平空间分布变化特征

城市名称	2010 年	2015 年	2020 年	2022 年
呼和浩特市	0.518 ~ 0.653	<0.122	0.122 ~ 0.360	0.122 ~ 0.360
包头市	>0.653	<0.122	0.518 ~ 0.653	<0.122
乌海市	0.122 ~ 0.360	0.361 ~ 0.517	0.361 ~ 0.517	0.518 ~ 0.653
赤峰市	<0.122	>0.653	>0.653	0.361 ~ 0.517
通辽市	0.122 ~ 0.360	0.122 ~ 0.360	>0.653	0.361 ~ 0.517
鄂尔多斯市	0.518 ~ 0.653	>0.653	<0.122	0.361 ~ 0.517
呼伦贝尔市	<0.122	0.122 ~ 0.360	>0.653	>0.653
巴彦淖尔市	0.518 ~ 0.653	>0.653	0.518 ~ 0.653	0.518 ~ 0.653
乌兰察布市	0.518 ~ 0.653	0.122 ~ 0.360	>0.653	0.518 ~ 0.653
兴安盟	0.122 ~ 0.360	>0.653	>0.653	0.361 ~ 0.517
锡林郭勒盟	>0.653	0.361 ~ 0.517	<0.122	<0.122
阿拉善盟	0.361 ~ 0.517	>0.653	0.518 ~ 0.653	0.518 ~ 0.653

注：低（<0.122）、较低（0.122 ~ 0.360）、中等（0.361 ~ 0.517）、较高（0.518 ~ 0.653）、高（>0.653）。

（2）生产数字化

2010—2022年，内蒙古生产数字化发展水平从“连片发展”向“两边高、中间低”的格局变化，中、高发展水平盟市数量高于低发展水平盟市数量，充分说明了内蒙古生产数字化发展成果，如表22所示。2010年，内蒙古生产数字化水平的高水平、较高水平与中等水平发展盟市共占58%，低水平发展盟市只有3个。2015年，生产数字化水平整体上呈现出“向右迁移”的发展格局，内蒙古东部盟市生产数字化水平最高，中部盟市最低，西部盟市较高。2020年，内蒙古生产数字化水平的低水平盟市彻底清零，高水平盟市数量上升了1个。2022年，内蒙古生产数字化高水平发展盟市下降为1个，较高水平发展盟市下降为3个，低水平发展盟市上升了1个。

表22 内蒙古生产数字化水平空间分布变化特征

盟市	2010	2011	2012	2013	2014	2015	2016	2017	2018	2019	2020	2021	2022	均值
呼和浩特市	0.479	0.85	0.589	0.195	0.429	0.068	0.972	0.189	0.338	0.091	0.204	0.534	0.362	0.408
包头市	1	0.67	0.655	0.268	0.376	0.064	0.338	0.132	0.747	0.192	0.46	0.683	0	0.430
呼伦贝尔市	0.077	0.426	0.718	0.629	0.775	0.294	0.174	0.246	0.458	0.876	0.576	0.772	1	0.540
兴安盟	0.237	0.416	0.672	0.652	0.936	0.813	0.953	0.321	0.594	0.32	1	0.185	0.28	0.568
通辽市	0.255	0.545	1	0.248	0	0.072	0.356	0.511	0.541	0.997	0.769	0.681	0.47	0.496
赤峰市	0	0.681	0.241	0.797	0.929	0.939	0.078	1	0.415	0.743	0.668	0.262	0.545	0.561
锡林郭勒盟	0.734	0.945	0.206	0	0.358	0.439	0.456	0.84	0.333	0.664	0	1	0.079	0.466
乌兰察布市	0.579	0.008	0.463	0.262	0.654	0.251	0.441	0.535	0	0.29	0.638	0.538	0.436	0.392

续表

盟市	2010	2011	2012	2013	2014	2015	2016	2017	2018	2019	2020	2021	2022	均值
鄂尔多斯市	0.64	0.932	0.694	0.644	0.525	0.497	0.743	0.204	0.899	0.502	0.131	0.609	0.214	0.556
巴彦淖尔市	0.344	0.131	0.197	0.416	0.554	0.439	0	0.117	0.115	0.144	0.602	0.686	0.671	0.340
乌海市	0.156	0.778	0	0.401	0.925	0.213	0.635	0.628	0.775	0.003	0.465	0	0.337	0.409
阿拉善盟	0.473	0.491	0.67	1	0.757	0.698	0.74	0.612	0.863	0.437	0.456	0.742	0.667	0.662

注：低（<0.078）、较低（0.078～0.255）、中等（0.256～0.479）、较高（0.480～0.734）、高（>0.734）。

（3）流通数字化

2010—2022年内蒙古流通数字化水平空间分布向高水平连片发展，如表23所示。2010—2015年，内蒙古流通数字化水平高的盟市数量由1个上升到6个，较低水平盟市下降到3个，主要集中在内蒙古中部。2015—2020年，内蒙古流通数字化中等水平盟市数量维持不变，高水平盟市数量也维持不变。2022年，内蒙古流通数字化水平高的盟市数量上升了1个，较低水平盟市数量下降为1个，空间分布呈现出高质量的连片发展格局。

表23　内蒙古流通数字化水平空间分布变化特征

城市名称	2010 年	2015 年	2020 年	2022 年
呼和浩特市	0.082 ~ 0.344	0.082 ~ 0.344	0.082 ~ 0.344	0.082 ~ 0.344
包头市	0.345 ~ 0.483	0.082 ~ 0.344	0.345 ~ 0.483	0.345 ~ 0.483
乌海市	<0.082	0.345 ~ 0.483	0.345 ~ 0.483	0.484 ~ 0.570
赤峰市	0.345 ~ 0.483	>0.570	>0.570	0.484 ~ 0.570
通辽市	>0.570	0.345 ~ 0.483	>0.570	>0.570

续表

城市名称	2010 年	2015 年	2020 年	2022 年
鄂尔多斯市	0.484 ~ 0.570	>0.570	0.484 ~ 0.570	>0.570
呼伦贝尔市	0.082 ~ 0.344	0.484 ~ 0.570	>0.570	>0.570
巴彦淖尔市	0.082 ~ 0.344	>0.570	0.345 ~ 0.483	>0.570
乌兰察布市	0.345 ~ 0.483	0.345 ~ 0.483	>0.570	>0.570
兴安盟	0.345 ~ 0.483	>0.570	>0.570	>0.570
锡林郭勒盟	0.345 ~ 0.483	>0.570	0.082 ~ 0.344	0.345 ~ 0.483
阿拉善盟	0.082 ~ 0.344	>0.570	>0.570	>0.570

注：低（<0.082）、较低（0.082~0.344）、中等（0.345~0.483）、较高（0.484~0.570）、高（>0.570）。

3.空间集聚模式分析

为深入探索2010—2022年内蒙古12个盟市数字化发展水平的空间关联程度，本章节采用与上一章节相同的方法计算全局Moran＇sl指数衡量内蒙古12个盟市数字化发展水平的空间相关性。

表24　全局莫兰指数测度分析表

年份	2010	2011	2012	2013	2014	2015	2016	2017	2018	2019	2020	2021	2022
Moran＇s l	−0.046	0.174	−0.078	0.002	−0.193	−0.178	−0.357	0.221	0.124	0.376	0.294	−0.587	−0.151
Z 值	0.186	1.109	0.057	0.390	−0.423	−0.360	−1.130	1.27	0.888	1.925	1.615	−2.06	−0.269
P 值	0.852	0.267	0.953	0.696	0.671	0.718	0.258	0.200	0.374	0.054	0.106	0.038	0.787

2010—2022年，内蒙古数字化发展的空间Moran＇sI指数大部分为负值，同时统计量Z值有一部分小于0，P值大于0.05，未能通过显著性检验，说明内蒙古12个盟市的数字化发展水平不存在正空间相关性，因此不继续分析空间聚集效应。

三、本章小结

本章对内蒙古数字化发展现状进行了全面系统的分析。构建了一个包含数字基础设施、生产数字化和流通数字化3个维度的评价指标体系，涵盖了6个具体指标，为评估提供了科学依据。在研究方法上，采用熵值TOPSIS法对内蒙古数字化发展水平进行综合评价，并结合空间自相关模型分析其空间特征，确保了研究结果的可靠性和全面性。评价结果显示，2010—2022年间，内蒙古数字化发展水平整体呈波动上升趋势，但12个盟市发展不均衡，可分为3个层次。阿拉善盟、通辽市等6个盟市发展水平较高，位于第一层次；锡林郭勒盟、乌兰察布市等5个盟市位于第二层次；呼和浩特市位于第三层次。时间变化特征分析表明，内蒙古数字化发展水平呈现波动上升趋势，2014—2020年增长较为显著。三大发展维度中，数字基础设施发展能力是短板，年均增长率为负；生产数字化和流通数字化发展能力则呈现正增长态势。各盟市发展趋势差异明显，如呼伦贝尔市、兴安盟等地增速较快，呼和浩特市、包头市呈下降趋势。空间变化特征呈现“两边高、中间低”的格局。东部地区数字化水平持续上升，中部地区缓慢降至低水平状态，西部地区保持较高水平。各维度的空间格局各有特点，如数字基础设施由“由东向西”演变为“两边高、中间低”的格局；生产数字化由“连片发展”向“两边高、中间低”转变；流通数字化呈现高水平连片发展态势。空间集聚分析发现，内蒙古12个盟市的数字化发展水平不存在显著的正空间相关性，说明各地区发展较为独立，缺乏明显的空间溢出效应。

综上所述，内蒙古数字化发展在过去十余年中取得了明显进展，但仍面临诸多挑战。未来需要继续深化数字化战略，优化资源配置，促进区域协调发展，提升整体数字化水平，为内蒙古的经济社会发展注入新的动力。

第五章　数字化赋能内蒙古城乡融合发展的实证研究

探究内蒙古数字化对城乡融合的作用，对指导产业政策制定和科学决策具有重要意义。为深入分析内蒙古数字化对城乡融合发展水平的影响，本章提出研究假设，为实证部分奠定基础。

一、影响机理与研究假设

基于以往研究，本书探讨数字化发展如何通过直接作用及其对农业生产方式的改变，进而影响城乡融合发展。数字化不仅直接改善城乡公共服务、资源配置和信息流通，而且通过推动农业生产向规模化、集约化及机械化转型，提高农业机械化水平，从而间接促进城乡融合。下文从直接效应、中介效应及区域差异性3个方面展开理论分析，并提出以下研究假设。

（一）数字化直接推动城乡融合发展机理

随着数字化技术在内蒙古的深入应用与扩散，其对城乡融合发展产生了多元且深刻的影响，形成了一套复杂的作用机理，如图11所示。数字化作为一种颠覆性技术变革力量，从多维度重塑城乡关系格局，其直接影响机制主要体现在以下几个方面。

一是突破时空限制，提高资源配置效率。

数字化技术通过打破传统生产要素配置的时空限制，极大地拓展了城乡要素流动的广度与深度。在内蒙古这样地域辽阔的自治区，数字化平台能够将分散于不同区域的供需信息进行高效匹配，使人才、资本、技术等关键生产要素得以跨越地理障碍实现优化配置。例如，电子商务平台使农牧区特色产品直接面向全国市场，远程办公技术让城市人才可以不受地域限制为农村地区提供服务。这种要素配置效率的提升，有效降低了交易成本，缩短了城乡之间的经济距离，为城乡一体化发展奠定了基础。

二是提升政务服务效能，促进城乡公共服务均等化。

数字政府建设为内蒙古提升公共服务供给效率与质量提供有力支撑。通过“一网通办”“掌上办事”等数字化政务服务模式的推广，农村牧区居民可以享受到与城市居民同等便捷的政务服务体验，有效缓解地域阻隔导致的公共服务获取不便的问题。同时，数据共享机制的建立使政府部门能够更精准地掌握农村地区的实际需求，进行有针对性的资源分配，推动城乡基本公共服务均等化进程。

三是赋能产业转型升级，重构城乡产业关联。

数字化技术对内蒙古传统产业的改造升级产生了深远影响，通过智能制造、精准农业、数字文旅等新模式促进了城乡产业结构的调整与优化。在农牧业领域，物联网、大数据等技术的应用实现了从粗放经营向精细化、智能化生产的转变，提高了农牧业生产效率与附加值。在工业领域，数字化工厂、智能矿山等新型生产模式提升了传统工业的竞争力。在服务业领域，电商、共享经济、数字文创等新业态为农村地区创造了大量就业机会。数字技术打通了城乡产业链、供应链、价值链，建立了更为紧密的城乡产业协同发展关系，促进了城乡经济的深度融合。

四是重塑社会交往方式，弥合城乡文化认知差距。

数字化媒体与通信工具的普及改变了内蒙古城乡居民的社会交往方式与信息获取渠道。社交媒体、短视频平台等为城乡居民提供了平等的表达与交流空间，促进了城乡文化的相互了解与认同。

五是数字化发展的两面性与不确定性。

数字化对内蒙古城乡融合的影响具有明显的复杂性与两面性。一方面，数字化技术往往首先在经济较为发达、基础设施较完善的城市地区得到广泛应用与推广。城市凭借较强的资本积累能力、人才吸引力和信息处理优势，能够更快地适应数字化转型并从中获益，这可能导致资源进一步向城市集中，使城乡发展差距扩大。另一方面，农村地区在数字化转型过程中面临多重挑战：一是农牧民数字技能普遍不足，数字素养较低，难以充分利用数字技术创造价值；二是信息不对称现象依然存在，农村地区获取市场信息、技术信息和政策信息的能力仍然有限；三是传统产业数字化改造成本高、见效慢，小规模农牧业经营难以承担数字化转型成本。这些因素共同制约农村地区对数字红利的获取能力，甚至可能因数字化转型过程中的“阵痛期”而使农村地区在短期内处于更加不利的竞争位置。

基于上述分析，可以提出如下研究假设：

H1：内蒙古数字化发展水平对城乡融合发展水平具有显著的直接影响，但其作用方向尚不明确。

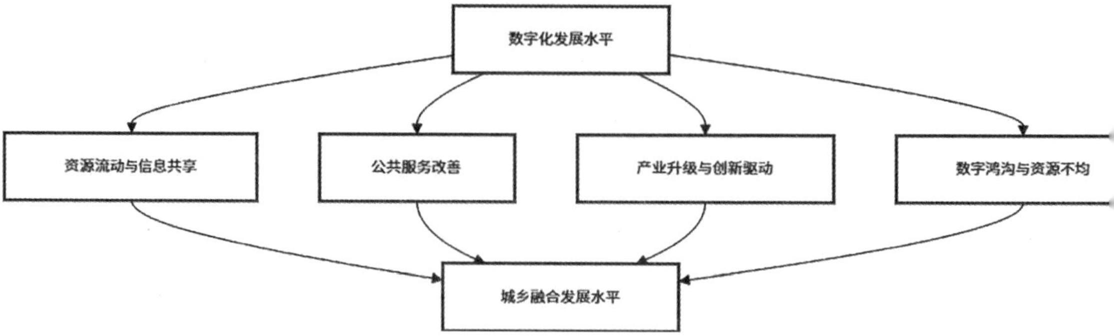

图11　数字化直接影响城乡融合发展机理图

（二）农业机械化的中介效应机理

在农业现代化进程中，农业机械化作为核心驱动力，承载着提升生产效率、优化资源配置和推动城乡融合的多重功能。在数字化转型背景下，数字技术的广泛应用不仅促进了农业机械化水平的提升，也在更深层次上塑造了农业生产体系的现代化特征。基于此，探讨数字化发展水平如何通过农业机械化这一中介变量影响城乡融合发展水平，具有重要的理论价值与现实意义。

首先，数字化发展通过物联网、云计算、大数据等技术赋能农业生产，提高数据获取的广度与精度，从而优化农业生产决策。例如，智能传感器与遥感监测技术的应用，使得农业生产过程中的环境监测、作物长势评估、病虫害防治等环节实现精准化管理，极大地提升了农业机械化的智能化水平。无人机、高精度导航系统以及自动化农机装备的普及，使农业机械的应用场景不断拓展，从传统的耕作、播种、收获环节向精准施肥、智能灌溉等高附加值环节延伸，推动农业机械化从“数量增长型”向“质量提升型”转变。

其次，数字化技术为农业机械化的发展提供了信息支撑和技术保障。一方面，信息共享平台的建立促进了农业技术的传播与推广，使农民能够快速掌握现代农业机械的操作技能与维护方法，从而降低机械化应用的门槛，提高农业生产效率。另一方面，数字化发展加速了农业机械制造行业的智能化升级，通过大数据分析、人工智能优化等手段，推动农业装备的自动化、智能化和精准化，为农业生产提供更加高效的技术支撑。

此外，数字技术在农业机械化过程中的应用不仅体现在生产环节，还进一步提高了农业资源的配置效率。例如，基于数字平台的智能农机调度系统，可以实现对农机作业的统筹安排，提高农机利用率，降低作业成本，优化资源配置，进而提升农业的整体竞争力。

农业机械化水平的提升不仅推动农业生产方式的现代化转型，还在更广泛的社会经济层面上带来了深远影响。随着农业生产逐步向技术密集型转变，传统依赖人力投入的农业模式正在被高度机械化、智能化的现代农业体系所取代，这一变化直接释放了农村剩余劳动力，促使劳动力向非农产业转移，从而加速了农村经济结构的升级。此外，农业机械化的发展促进了农业生产的集约化、规模化和标准化，使得农业与第二产业、第三产业之间的联动更加紧密，推动农村产业链的延伸与优化。在此过程中，城乡之间的要素流动更加顺畅，农业与城市经济体系的融合程度不断提高，最终促进城乡融合发展水平的提升。

综上，数字化发展不仅直接推动了农业机械化水平的提升，还通过农业机械化这一中介变量，间接促进了城乡融合发展水平的提高。因此，本研究提出如下假设：

H2：内蒙古数字化发展水平通过提升农业机械化水平，间接促进城乡融合发展水平，存在显著的中介效应。

（三）区域差异性效应

内蒙古地域辽阔，经济发展水平、基础设施建设、数字化投入以及农业资源禀赋存在显著差异，这使得数字化及农业机械化在不同区域的表现及其传导机制可能大相径庭，如图13所示。

一方面，在经济较为发达、数字化基础设施完善的地区（如省会城市及部分核心城市群），数字技术的推广和应用更为普遍，信息流动和资源整合能力较强，这些区域能够迅速吸收和应用先进技术，进而提升农业机械化水平和推动城乡融合方面展现出较为明显的正向效应。然而，这些区域同时也可能因城市集聚效应而出现资源过度集中、城乡差距拉大的现象，从而影响整体的融合进程。

另一方面，在经济相对落后、基础设施较为薄弱的区域，虽然数字化起步较晚，但通过政策引导和资金扶持，这些区域在农业机械化升级方面仍具有较大的提升潜力。数字化在此类区域可能通过推动农村基础设施建设、促进农业机械化技术培训及推广，从而在中介路径上发挥更为显著的作用，改善当地农业生产条件，进而促进城乡要素的对接和融合。同时，由于数字鸿沟和信息获取的不均衡，数字化对这些区域的直接效应可能呈现不确定甚至负向的作用，短期内可能加剧城乡之间的发展差距。

此外，区域差异性还体现在农业资源分布、土地利用模式和人口结构上。资源丰富但地广人稀的区域在推进农业机械化过程中，可能面临设备利用率低、技术服务不足等问题；而资源相对集中、人口较为密集的区域则更容易实现规模化生产和集约经营，进而带来更为明显的城乡融合效应。基于上述考虑，数字化对城乡融合的直接影响以及通过农业机械化中介路径传导的影响效应均会受到区域特征的调节，呈现出明显的区域差异性。基于此，提出假设：

H3a：内蒙古数字化发展水平对城乡融合发展水平的直接影响在不同区域间存在显著差异。

H3b：内蒙古数字化发展水平对城乡融合发展水平的影响过程中，农业

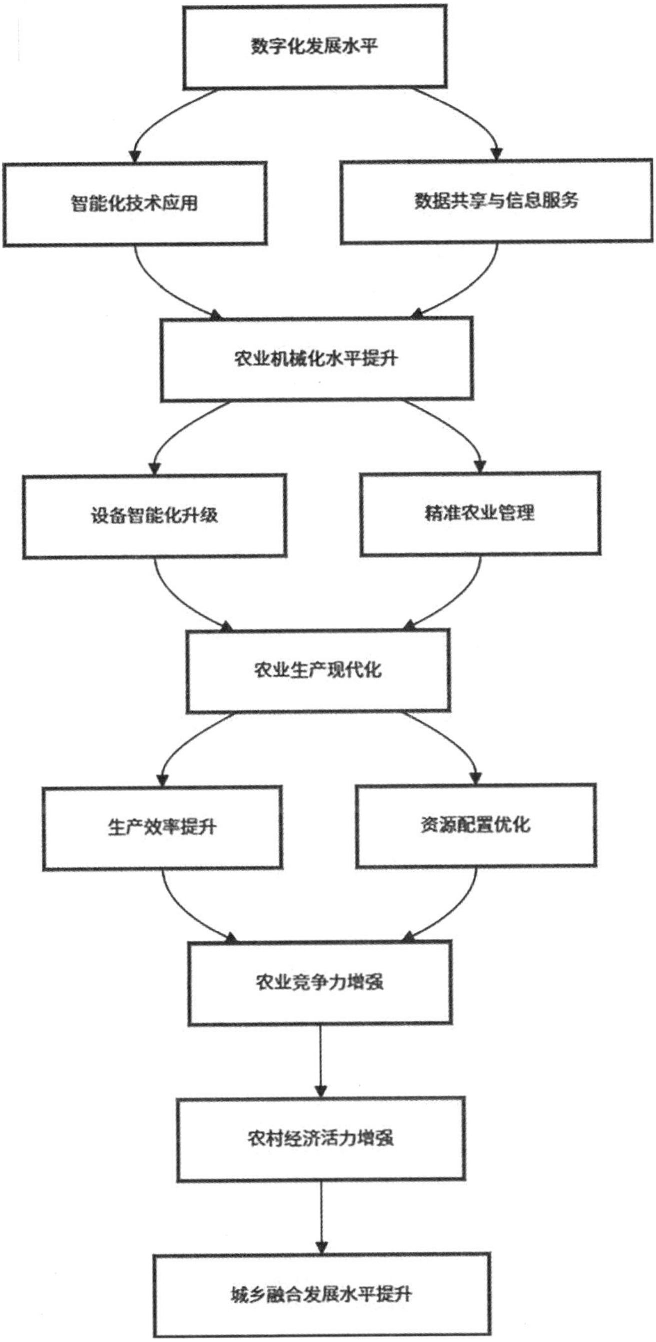

图12　农业机械化中介效应机理图

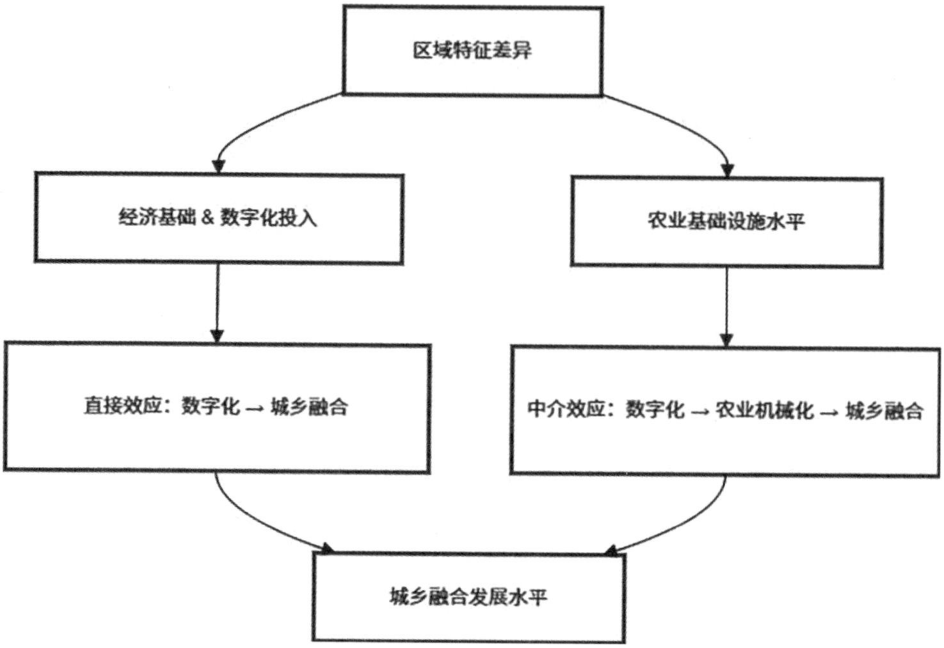

图13　区域差异性效应机理图

机械化水平的中介效应在不同区域间存在显著差异。

二、模型构建

本书在研究内蒙古数字化水平对城乡融合发展水平影响机理时，将农业机械化水平作为中介变量纳入其中，对三者间的关系进行详细分析，构建中介效应面板模型，逐步对内蒙古数字化水平、城乡融合发展水平及农业机械化水平三者的影响机理进行研究。中介效应模型如下所示：

$$\mathrm{BK}_{it} = \alpha_0 + \alpha_1 \mathrm{BL}_{it} + \sum_k \lambda_k \mathrm{ControlVar}_{kit} + \varepsilon_{it}, \tag{13}$$

$$\mathrm{BK}_{it} = \delta_0 + \delta_1 \mathrm{BJ}_{it} + \sum_k \zeta_k \mathrm{ControlVar}_{kit} + \varepsilon_{it}, \tag{14}$$

$$\mathrm{BJ}_{it} = \beta_0 + \beta_1 \mathrm{BL}_{it} + \sum_k \delta_k \mathrm{ControlVar}_{kit} + \varepsilon_{it}, \tag{15}$$

$$\mathrm{BK}_{it} = \gamma_0 + \gamma_1 \mathrm{BL}_{it} + \gamma_2 \mathrm{BJ}_{it} + \sum_k \phi_k \mathrm{ControlVar}_{kit} + \varepsilon_{it}. \tag{16}$$

其中，i为盟市，t为年份，BK为被解释变量内蒙古城乡融合发展水平，BL为核心解释变量内蒙古数字化水平，BJ为农业机械化水平，为随机误差，即各控制变量对BK的影响，控制变量包括人口城镇化水平（AY）、第二产业第三产业就业人员占比（AO）、地区生产总值（GPD）等。其中，公式13、14分别检验数字化水平及机械化水平对城乡融合发展水平的影响。运用逐步回归法构建模型，公式13、15、16对机械化水平在数字化水平与城乡融合发展水平的中介效应进行检验，步骤如下：

1.公式13，数字化水平对城乡融合发展水平影响显著；

2.公式15，数字化水平对机械化水平影响显著；

3.公式16，若机械化水平通过显著性检验，则存在中介效应。

三、变量选取

（一）被解释变量

被解释变量即内蒙古城乡融合发展水平（BK）。本书根据以往研究以及内蒙古12盟市的发展特点，从经济融合、空间融合、人口融合、生态融合及社会融合5个维度，对内蒙古12个盟市的数据进行标准化处理，选取14项具体指标，构建出内蒙古城乡融合发展水平的指标体系，利用熵权TOPSIS法来衡量内蒙古城乡融合发展水平，第二章已经对指标进行过测算。

（二）核心解释变量

核心解释变量即内蒙古数字化水平（BL）。本书选取数字基础设施、生产数字化、流通数字化进行分析，同样利用熵权TOPSIS法衡量其发展水平，指标在第三章已经进行过测算。

（三）中介变量

中介变量即农业机械化水平（BJ）。为进一步探究数字化水平对城乡融合水平的影响机制，本书选择农业机械化水平作为中介变量。农业机械化水平是内蒙古数字化技术在农村应用的重要体现，也是城乡融合发展的关键环节。首先，数字化水平的提高可能显著促进农业机械化（如智能农机、精准农业技术等）。数字化技术能够优化农业生产设备的效率和智能化程度，从而增强农村地区的生产能力。其次，农业机械化的提升有助于提高城乡融合水平。机械化水平的提高可以显著提高农业生产效率，增加农民收入，缩小城乡生产力差距，进而推动城乡经济协调发展。因此，选择农业机械总动力作为中介变量，可以有效捕捉数字化水平通过农业机械化影响城乡融合的潜在路径，深化对两者关系机制的理解。

（四）控制变量

1.人口城镇化水平（AY）

人口城镇化水平直接反映内蒙古自治区城市化进程和城乡人口结构状况，是城乡融合发展的核心影响因素之一。首先，高水平城镇化往往伴随着劳动力从农村向城市的迁移，这可能影响城乡间的人力资本分布和资源配置，进而对城乡融合进程产生深远影响。其次，城镇化水平与数字化水平密切相关，高城镇化地区通常具备更完善的数字基础设施和更高的数字技术应用能力，可能放大或削弱数字化对城乡融合的作用。此外，城镇化进程中的人口流动和集聚效应可能改变城乡经济结构和社会联系，影响融合发展的速度和方向。因此，选择人口城镇化水平作为控制变量，有助于隔离其对城乡融合的独立效应，确保数字化影响的估计更加准确。

2.第二产业及第三产业就业人员占比（AO）

第二产业及第三产业就业人员占比反映内蒙古自治区的产业结构特征和非农就业水平，是城乡融合发展的重要驱动因素之一。首先，非农产业的就业比例直接衡量了农村劳动力向城市和工业部门的转移程度，这一过程通常伴随着城乡经济联系增强和收入差距的缩小，有助于推动城乡融合。其次，产业结构的转型与数字化水平密切相关，高比例的第二产业及第三产业就业可能为数字技术的应用提供更多场景（如服务业数字化、工业智能化等），从而间接影响数字化对城乡融合的作用。此外，非农就业水平的高低可能影响地区的经济活力和资源配置效率，这与城乡融合进程息息相关。因此，选择第二产业及第三产业就业人员占比作为控制变量，可以有效控制产业结构对城乡融合的独立影响，增强模型对数字化效应的解释力。

3.地区生产总值（GPD）

地区生产总值说明内蒙古自治区经济规模和发展水平，是城乡融合发展的物质基础和关键支撑因素。较高的GPD通常代表更多经济资源可用于基础设施建设（如交通、通信网络等）和公共服务供给，进而推动城乡融合。同时，经济规模与数字化水平高度相关，经济发达地区往往具备更强的数字化能力（如技术研发、互联网普及等），这可能放大数字化在城乡融合中的作用。GPD的增长通常伴随着产业升级和就业机会增加，可能通过资源再分配间接影响城乡间的均衡发展。此外，经济实力的强弱会影响政府在城乡统筹发展中的投入能力，如农村数字基础设施的改善。因此，选择地区生产总值作为控制变量，有助于控制经济基础对城乡融合的独立效应，确保数字化影响的估计更加稳健。

表25　变量说明

变量类型	变量名称	变量符号	变量解释
被解释变量	城乡融合发展水平	BK	由熵值 TOPSIS 测算所得
核心解释变量	数字化水平	BL	由熵值 TOPSIS 测算所得
中介变量	农业机械化水平	BJ	农业机械总动力（万千瓦）
控制变量	人口城镇化水平	AY	城镇人口占总人口的比例
	第二产业及第三产业就业人员占比	AO	第二产业及第三产业就业人数占总就业人数的比例
	地区生产总值	GPD	地区生产总值（亿元）

四、描述性统计分析

根据表26的描述性统计结果，样本包含内蒙古12个盟市2010—2022年间共156个观测值，各变量呈现出显著的分布特征。城乡融合水平（BK）的平均值为0.268，标准差为0.169，范围从0.077至0.775，表明总体融合水平较低且区域间差异较大。数字化水平（BL）的平均值为0.484，标准差为0.232，范围从0.000至0.998，显示数字化发展程度中等但变异明显。农业机械总动力（BJ）均值为305.076万千瓦，标准差为208.029，范围从5.857万千瓦至769.420万千瓦，反映出农业机械化水平分布不均。第二产业及第三产业就业人员占比（AO）均值为0.632，标准差为0.189，范围从0.294至1.012，表明非农化程度较高但地区差异显著。人口城镇化水平（AY）均值为0.652，标准差为0.161，范围从0.398至0.959，显示城镇化率较高且分布不均。地区生产总值（GPD）均值为1558.168亿元，标准差为1174.046，范围从261.4亿元至5613.4亿元，凸显经济规模的区域异质性。这些统计特征为后续分析奠定了基础，显示出内蒙古在城乡融合、数字化和机械化等方面存在显著的区域不平衡性。

表26　描述性统计

变量	样本量	平均值	最大值	最小值	标准差
BK	156	0.268	0.775	0.077	0.169
BL	156	0.484	0.998	0.000	0.232
BJ	156	305.076	769.42	5.857	208.029
AO	156	0.632	1.012	0.294	0.189
AY	156	0.652	0.959	0.398	0.161
GPD	156	1558.168	5613.4	261.4	1174.046

五、模型估计结果分析

（一）模型估计结果

本书基于中介效应模型，使用Stata18软件分别对公式进行回归，回归结果如表27所示。

表27 回归结果

变量	（1）BK	（2）BK	（3）BJ	（4）BK
BL	−0.087**	—	97.091**	−0.119***
BJ	—	0.001***	—	0.001***
AY	−0.447***	−.0473***	140.509	−0.492***
AO	1.122***	1.421***	−1017.849***	1.453***
GPD	0.001***	−0.001***	0.065***	−0.001***
常数项	−0.030	−0.304***	706.809***	0.259***
样本量	156	156	156	156
R^2	0.662	0.699	0.611	0.724

注：*表示10%显著性水平下显著，**表示5%显著性水平下显著，***表示1%显著性水平下显著。

从表27的基准回归结果看，数字化水平通过农业机械化水平对城乡融合水平产生显著正向部分中介效应，但直接效应为负。从模型（1）回归结果来看，不含有农业机械水平变量时，数字化水平对城乡融合水平的回归系数在5%水平下显著为负，为-0.0875，表明整体上数字化水平在一定程度上抑制了内蒙古城乡融合发展。从模型（3）回归结果来看，将农业机械化水平纳入模型作为中介变量后，数字化水平对城乡融合水平的回归系数为-0.119，绝对值有所上升，依旧在1%水平下显著，农业机械化水平的回归系数为0.001，在1%水平下通过检验。从模型（2）回归结果来看，数字化水平对农业机械化水平的回归系数在5%水平下显著为正，为97.091，说明数字化水平可以显著促进农业机械化水平提升。综合模型（4）回归结果来看，控制农业机械化水平变量后，数字化水平对城乡融合水平的直接效应为-0.119且极其显著，表明内蒙古数字化水平对城乡融合发展的影响既包括通过农业机械化水平传递的正向间接效应，也存在显著直接负向效应，从而构成部分中介效应。综上，本文H1、H2研究假设成立。

从控制变量看，各变量对内蒙古城乡融合发展呈现出差异化影响。人口城镇化水平对城乡融合水平呈现显著的负向效应，系数从-0.447至-0.492，这与内蒙古的城镇化发展模式高度相关。数据显示，人口城镇化水平均值为0.652（范围为0.398～0.959），表明内蒙古城镇化率较高，但其城镇化进程更多集中于核心城市，如呼和浩特和包头，而农村牧区因基础设施薄弱和人口分散，难以同步受益，导致资源和人力资本向城市倾斜，加剧城乡差距。同时，人口城镇化水平对农业机械水平的正向影响（系数140.509）未达显著水平，提示城镇化可能通过提升城市周边农业现代化需求间接推动机械化，但这一作用在内蒙古以牧业为主的农业结构中较为有限。第二产业及第三产业就业人员占比对BK的影响显著正向，系数在1.122与1.453之间，与内蒙古近年来的非农产业发展趋势高度吻合。第二产业及第三产业就业人员占比的均值为0.632（范围为0.294～1.012），反映出内蒙古依托能源、矿业和服务业的资源型经济推动劳动力从农牧业向非农部门的转移，促进城乡经济联系和收入水平的趋同。然而，内蒙古第二产业及第三产业就业人员占比对农业机械化水平的强负向效应，揭示出非农化与农业机械化之间存在替代关系，内蒙古草原经济以畜牧业为主，劳动力流失可能减少对机械化农业的依赖。地区生产总值（GPD）对内蒙古城乡融合发展水平存在显著影响，源于内蒙古资源型经济的特性，经济增长更多惠及城市工业和能源基地，如鄂尔多斯，而农村地区发展支持不够充分，反而拉大城乡差距；其对农业机械化水平的正向效应，则表明经济规模的提升为农业机械化提供资金和技术支持，与工业化进程推动农业现代化的逻辑一致。综上所述，为提升城乡融合水平，内蒙古需优化城镇化政策，强化农村牧区的基础设施和产业支持，同时平衡非农化与农业机械化的发展，以充分发挥经济规模的正向作用，缩小城乡发展差距。

（二）中介效应检验

为进一步检验中介效应，本研究采用Bootstrap方法对内蒙古城乡融合发展水平、数字化水平之间农业机械总动力的中介效应进行分析。其中，_bs_1表示中介效应，_bs_2表示直接效应。若置信区间包含0，则表明正效应与负效应可能相互抵消，导致效应不显著；反之，若置信区间不包含0，则说明直接效应或中介效应达到显著水平。检验结果详见表28。

表28　Bootstrap中介效应检验

	Observed	Bootstrap std. err.			Normal-based	
	Coef	Std.Err	z	P>|z|	95% Conf.	Interval
_bs_1	0.031	0.015	2.04	0.041	0.001	0.061
_bs_2	-0.119	0.029	-4.01	0	-0.177	-0.061

根据Bootstrap检验结果，数字化水平通过农业机械化水平对城乡融合水平的影响呈现出显著的中介效应。间接效应的估计值为0.031，Bootstrap标准误差为0.015，z值为2.04，P值为0.041，在5%显著性水平下通过检验，其95%置信区间为[0.001，0.061]，不包含零，表明农业机械化水平在数字化水平与城乡融合水平之间发挥正向且显著的中介作用，中介效应占总效应的36.08%。同时，直接效应的估计值为-0.119，Bootstrap标准误差为0.029，z值为-4.01，P值为0.000，在1%显著性水平下高度显著，其95%置信区间为[-0.177，-0.061]，亦不包含零，显示数字化水平在控制农业机械化水平后仍

对城乡融合水平具有显著的负向影响。综合来看，数字化水平的总效应为负，其中间接效应占比约36.08%，表明农业机械化水平提高部分缓解数字化的负向效应，但未能完全抵消其直接抑制作用。

（三）异质性检验

由上述分析可知，不同城市的数字化发展水平存在较大差异，可能导致数字化发展水平通过农业机械总动力对城乡融合水平的影响呈现区域性特征。因此，为进一步探讨数字化发展水平通过农业机械总动力对内蒙古城乡融合水平的影响是否存在区域差异，本书在全内蒙古自治区层面研究的基础上，将全样本划分为东部地区和中西部地区，并分别进行回归分析。具体回归结果详见表29。

内蒙古12盟市具体区域划分参考东部地区及西部地区的地理区位及自然条件，划分为东部区域与中西部区域：东部地区包含呼伦贝尔市、兴安盟、通辽市、赤峰市、锡林郭勒盟五个盟市；中西部地区包含呼和浩特市、包头市、乌海市、乌兰察布市、鄂尔多斯市、巴彦淖尔市、阿拉善盟七个盟市。因为内蒙古东部靠近大兴安岭和东北平原，区域内草原和林区分布较多，气候较湿润，自然条件较为适合传统畜牧业，但对农业机械化程度的提升需求不高。而内蒙古中部和西部，涵盖黄河流域以及戈壁沙漠地带，降水较少，自然条件多样，中部地区经济基础相对较好，而西部地区则以资源开发为主。以上差异可能对城乡融合和数字化转型带来不同影响。

表29　东部及中西部中介效应回归结果

	东部区				中西部区			
变量	（1）BK	（2）BK	（3）BJ	（4）BK	（5）BK	（6）BK	（7）BJ	（8）BK
BL	0.043**	—	167.434**	0.001	−0.204***	—	−76.78*	−0.175***
BJ	—	0.001***	—	0.001***	—	0.001**	—	0.001***
AY	0.026	0.024	140.509	0.025	−0.113	−0.459*	594.076***	−0.337
AO	−0.062	0.175**	−949.575**	0.172**	0.945***	1.529***	−1160.904***	1.382***
GPD	0.001***	−0.001**	0.227***	−0.001**	−0.001***	−0.001***	0.056***	−0.001***
常数项	0.126***	−0.013	561.823***	−0.013	−0.078	−0.388***	544.641***	−0.283***
样本量	65	65	65	65	91	91	91	91
R^2	0.251	0.718	0.571	0.718	0.708	0.701	0.694	0.737

注：*表示10%显著性水平下显著，**表示5%显著性水平下显著，***表示1%显著性水平下显著。

表29显示，东部地区数字化正向效应完全通过农业机械化传导，而中西部地区，数字化水平提升会降低农业机械化水平，而农业机械化水平降低又会使城乡融合水平下降，从而形成负向部分间接效应。在东部区，农业机械总动力产生的数字化水平对城乡融合水平的正向促进作用为完全中介效应。

在东部区，数字化水平对城乡融合发展水平的回归系数为0.043，显著性小于5%，表明数字化水平显著正向促进城乡融合，但进一步分析显示，农业机械水平完全中介这一效应。数字化水平对农业机械化水平的影响为167.434，显著性水平大于5%，农业机械化水平对城乡融合水平的影响为0.001，极其显著，且模型（4）加入农业机械化后，数字化水平对城乡融合水平的直接效应降至0.001且不再显著。表明数字化在内蒙古东部区完全通过提升农业机械化水平显著推动城乡融合，与该区农牧业经济特征及机械化需求较高的现实相符。

在中西部地区，数字化水平对城乡融合呈现显著负向影响，而农业机械化产生正向促进部分中介效应，但其作用最终形成负向间接效应并加剧数字化对城乡融合的负向影响。数字化水平对城乡融合发展水平的回归系数为-0.204，达到1%显著性水平，说明数字化水平对城乡融合具有显著负向影响。农业机械化水平的中介作用在此较为有限。数字化水平对农业机械化水平的影响为-76.78，达到10%水平显著，表明数字化水平的提升并未促进农业机械化，反而在一定程度上抑制了其发展。可能原因在于替代效应，数字技术可能通过更高效或替代的方式减少对传统农业机械化的依赖，例如智能农业技术或数据驱动的农业管理方式部分取代了对机械设备的需求。农业机械化水平对城乡融合发展水平的影响为0.001，显著性水平在1%，结合模型（8）加入农业机械化水平后，数字化对城乡融合水平为显著负向影响，说明数字化通过农业机械化对城乡融合发展水平产生部分中介作用，其作用能加剧数字化对城乡融合的负向影响。综上，数字化未能有效转化为农业现代化的动力，反而可能加剧城乡发展的不平衡，但农业机械化作为连接城乡的桥梁，依然在融合进程中发挥着不可替代的积极作用。综上，本文H3a、H3b研究假设成立。

从控制变量的角度看，两区在城镇化水平和产业结构对城乡融合的影响上亦存在差异。东部地区人口城镇化水平对城乡融合发展水平的影响不显著，而中西部地区则表现为负向影响，表明中西部地区城镇化进程可能加剧城乡不平衡的状况。第二产业及第三产业就业人员占比在两区均对内蒙古城乡融合发展水平呈正向影响，但在中西部区作用更强，显示非农化对城乡融合的促进效应更为明显；然而，其对农业机械化水平的显著负向影响，揭示出非农化与农业机械化的替代关系。

此外，地区生产总值在两区均对城乡融合发展水平产生负向影响，提示资源分配需进一步优化以支持农村发展。

东部地区和中西部地区在数字化水平对城乡融合的影响上存在显著差异的主要原因，是两地在经济结构、资源分配、技术适应性及政策导向上的结构性差异。东部地区以农牧业为主，数字化技术有效提升农业机械化水平，从而显著促进城乡融合，得益于其经济相对落后于内蒙古中西部地区，但政策大力支持农业现代化。而中西部地区城镇化水平较高，资源更多地向城市倾斜，数字化技术未能有效渗透农村，且数字化发展能产生部分替代效应，共同导致农业机械化受到抑制，并对城乡融合产生显著的负向影响。

（四）稳健性检验

在本研究中，为确保数字化水平通过农业机械化水平对内蒙古城乡融合发展效应实证结果的稳健性，结合研究数据和实际情况，最终选择采用增加变量法进行稳健性检验，即在原有回归模型基础上加入劳动力水平（LB）作为额外控制变量，劳动力水平取值为城市就业人数，以检验核心变量在控制潜在遗漏变量后是否仍然保持显著性和预期方向。经检验，若核心变量在增加控制变量后依旧显著，则可进一步证明数字化通过农业机械化水平对城乡融合发展产生显著促进部分中介效应具有较高的稳健性和科学解释力。

表30　稳健性检验

变量	（1）BK	（2）BK	（3）BJ	（4）BK
BL	–0.076**	—	114.594***	–0.103***
BJ	—	0.001***	—	0.001***
AY	–0.216	–0.293**	519.833***	–0.338**
AO	1.181***	1.357***	–921.167***	1.396***
GPD	0.001***	–0.001***	–0.005	–0.001***
LB	0.094***	0.068***	155.597***	0.058***
常数项	–0.581***	–0.622***	–201.918	0.259***
样本量	156	156	156	156
R^2	0.716	0.721	0.707	0.741

注：*表示在10%显著性水平下显著，**表示在5%显著性水平下显著，***表示在1%显著性水平下显著。

如表30所示，加入劳动力水平作为补充变量后，稳健性检验结果与上文的实证结果无较大差异，因此本研究选择的模型具有可行性。

六、本章小结

本章围绕内蒙古数字化助推城乡融合发展的影响因素展开分析，构建数字化水平对城乡融合的作用机理框架，并提出3组研究假设。H1：数字化技术通过优化公共服务、资源配置和信息流通对城乡融合产生直接影响，但其作用方向尚存在不确定性。H2：数字化通过促进智能农机、精准农业等应用提高农业机械化水平，从而间接推动农业生产现代化和农村经济结构转型，形成正向中介效应。H3a：内蒙古数字化发展水平对城乡融合发展水平的直接影响在不同区域间存在显著差异。H3b：内蒙古数字化发展水平对城乡融合发展水平的影响过程中，通过农业机械化水平的中介效应在不同区域间存在显著差异。

本章节利用上文熵权TOPSIS法测算出城乡融合水平（BK）和数字化水平（BL）的值分别作为被解释变量与核心解释变量，并选取农业机械总动力（BJ）作为中介变量，同时控制变量选择人口城镇化水平（AY）、第二产业及第三产业就业人员占比（AO）及地区生产总值（GPD），通过逐步回归和Bootstrap检验发现，数字化水平对城乡融合的总效应呈显著负向，但其正向中介效应通过提升农业机械化水平部分抵消了直接负向效应（中介效应约占总效应的36.08%），且区域异质性检验表明内蒙古的区域差异性使得数字化在不同地区的作用效果有所不同，尤其在东部地区，数字化通过农业机械化显现出完全正向的中介效应，而在中西部地区则表现为负向直接效应，数字化水平提升会降低农业机械化水平，而农业机械化水平的降低又会使城乡融合水平下降，最终形成负向间接效应；稳健性检验进一步确认模型结果的可靠性。

综上，本书为理解数字化转型背景下内蒙古城乡融合的内在机制提供实证依据，并对优化区域政策、平衡城乡发展提供了重要启示。

第六章　数字化赋能城乡融合发展的典型案例与经验启示

一、国外数字化赋能城乡融合发展的典型案例

（一）美国：数字农业引领现代农业发展

美国作为全球数字农业技术的领跑者，构建了以“精准化、智能化、数据化”为核心的现代农业体系。其数字农业技术体系涵盖遥感监测、物联网感知、大数据分析与人工智能决策四大支柱。例如，在作物生长监测中，美国农业部（USDA）联合NASA利用卫星遥感技术，结合无人机低空航拍，实现农田土壤湿度、作物长势、病虫害分布的实时监测，通过云端平台将数据传输至农户终端，指导精准施肥与灌溉。在农机智能化方面，约翰迪尔等企业研发的智能拖拉机配备GPS自动导航系统，可实现厘米级作业精度，同时集成土壤传感器与产量监测设备，形成“种植—管理—收获”全链条数据闭环。在城乡发展层面，美国通过《农村数字机遇法案》推动乡村宽带网络建设，联邦通信委员会（FCC）设立“乡村宽带补贴计划”，为偏远地区提供

高达90%的基建资金。例如，爱荷华州通过部署光纤网络与5G基站，使乡村居民能够接入远程医疗平台，享受与城市居民同质的医疗服务。此外，美国农业图书馆（NAL）建立的AGRICOLA数据库，整合了全球1200万条农业文献记录，为乡村居民提供免费数字教育资源，有效缩小了城乡知识鸿沟。

美国在数字化推动城乡融合中，构建“技术赋能—基建均等—知识共享”的三维体系。通过卫星遥感、无人机监测与地面物联网设备形成全周期农业感知网络，智能农机搭载导航系统实现精准作业，推动农业向数据驱动转型。立法保障乡村宽带覆盖，政府补贴支撑偏远地区高速网络建设，使远程医疗、在线教育等城市级服务向乡村延伸。国家级农业数据库的开放共享机制，打破科研与实践的信息壁垒，促进城乡知识资源互通。系统性推进使数字技术成为贯通城乡要素流动与产业升级的核心纽带，为农业现代化与城乡协同发展提供支撑。

（二）德国：数字生活实验室与智能农业探索

德国以“数字生活实验室”为创新载体，推动乡村数字化转型。弗劳恩霍夫研究所在巴伐利亚州试点村庄部署了“数字乡村生态系统”，涵盖智能农业、智慧能源、数字医疗三大模块。在智能农业领域，德国联邦食品及农业部（BMEL）启动“农业4.0”计划，资助研发智能温室控制系统，通过传感器实时监测温湿度、光照强度与二氧化碳浓度，结合机器学习算法优化作物生长环境。例如，下萨克森州的智能蔬菜大棚利用LoRaWAN物联网技术，实现水肥一体化精准管理，产量提升30%的同时减少20%的水资源消耗。宽带建设方面，德国政府通过“数字乡村倡议”项目，为乡村地区提供高速光纤网络补贴。以黑森州为例，地方政府联合德国电信铺设光纤网络，覆盖率从2018年的65%提升至2022年的92%，乡村企业得以接入云端ERP系统，实现供应链数字化管理。此外，德国还建立了“乡村数字创新中心”，为农民提供数字技能培训，超过60%的受训农民在培训后采用了精准农业技术。

德国在乡村数字化转型中构建“技术迭代—基建创新—能力培育”系统化推进体系。通过“数字生活实验室”开展乡村生态系统的整体性技术试验，将智能农业、能源管理与数字医疗整合为协同网络。在农业生产端，运用物联网与机器学习技术打造“植物工厂”，实现环境参数动态优化与资源效率提升。数字基建采用“政府补贴+企业共建”的PPP模式，推动光纤网络覆盖偏远地区，支持乡村企业实现供应链数字化管理。创新实施“数字能力播种计划”，通过VR虚拟实训加速技术推广，显著提升农民数字素养与技术采纳率。这种“生态化试验—精准化基建—沉浸式赋能”的推进路径，为传统乡村数字化转型提供系统性解决方案。

（三）法国：勃艮第地区的数字乡村试点

法国勃艮第地区作为欧盟“数字乡村战略”的先行示范区，构建了“基础设施—公共服务—产业创新”三位一体的数字化体系。在宽带网络覆盖上，法国政府实施“法国高速宽带计划”，勃艮第地区通过公私合营模式（PPP），在3年内完成了98%的乡村家庭光纤接入。例如，第戎市周边的葡萄酒庄园利用高速网络接入区块链溯源平台，消费者可通过扫描酒瓶上的二维码追溯葡萄种植、酿造、运输全流程信息，提升15%的产品附加值。公共服务数字化方面，勃艮第地区打造了“数字乡村服务中心”，集成远程办公空间、数字技能培训室与视频会议系统。当地农民可通过“AgriConnect”平台在线申请农业补贴、预约农机服务，并接入全国农业气象预警系统。此外，法国农业研究院（INRA）在勃艮第设立数字创新实验室，研发基于AI的病虫害预测模型，帮助农民减少农药使用量达40%。

法国勃艮第地区通过构建“数字基建—产业创新—服务融合”三维赋

能体系，实现传统乡村与现代技术的深度耦合。其核心经验在于以PPP模式推动光纤网络全域覆盖，为区块链溯源等数字技术应用提供基础设施支撑，重塑农产品价值链的信任机制；通过AI驱动的病虫害预测模型优化农业生产决策，在保障产品品质的同时减少环境负荷；依托数字服务中心整合政务服务、市场对接与远程协作功能，推动乡村从地理单元向全球价值链节点转型。法国系统性重构使城乡要素突破物理连接层面，通过数据流通与技术渗透实现价值共创，为传统农区数字化转型提供“基建筑基—技术赋能—服务联动”融合范式。

（四）日本：农业机器人与无人农场技术

日本通过“机器人革命”推动农业数字化转型，重点突破无人农场技术与农业物联网应用。日本农林水产省（MAFF）主导的“下一代农林水产业创新技术”项目，研发了多款农业机器人，如久保田公司的“无人驾驶水稻插秧机”，利用RTK-GPS定位技术实现厘米级插秧精度，作业效率较人工提升了5倍。在环境监测方面，日本开发的“e-kakashi”系统通过田间传感器网络，每10分钟采集一次土壤温湿度、光照强度等数据，并通过边缘计算设备实时分析，指导农民调整灌溉策略。在数字服务延伸方面，日本地方政府联合NTT DoCoMo等企业，在乡村部署5G基站与物联网平台。例如，北海道十胜地区的无人农场通过5G网络连接无人机与地面机器人，实现播种、施肥、收割等全流程自动化。同时，日本利用数字技术优化乡村公共服务，如长野县的“高龄者健康监测系统”，通过可穿戴设备实时监测老人生命体征，数据同步至家庭医生终端，使乡村地区紧急救援响应时间缩短至15分钟。

日本在农业数字化转型中构建“硬件革新—系统集成—服务延伸”的立体化推进体系。其核心经验在于以智能装备革新农业生产流程，通过无人驾驶农机与厘米级定位系统实现精准作业，结合田间物联网与5G网络形成“空天地”一体化数据闭环；在服务领域打造数字健康管理系统，依托可穿戴设备与云端诊疗平台提升乡村医疗响应能力；基础设施层面通过政企协同部署数字基建网络，既支撑智能农机远程操控，又为老龄农户提供市场信息与技术指导服务。日本技术嵌入传统农耕体系的实践路径，通过“装备智能化—服务云端化—基建普惠化”协同推进，为老龄化背景下传统农区的数字化转型提供系统性解决方案。

二、国内数字化赋能城乡融合发展的典型案例

（一）浙江德清“数字乡村一张图”治理模式

浙江省德清县以“数字乡村一张图”为核心，构建了全域覆盖的数字化治理体系。该平台整合了地理信息、人口数据、农业资源、环境监测等12类核心数据，通过GIS（地理信息系统）技术实现可视化呈现。例如，在土地利用方面，平台通过卫星遥感与无人机巡查，精准识别出全县2.3万亩闲置宅基地和1.1万亩低效农田，引导社会资本投入现代农业和乡村旅游项目。德清莫干山镇依托该平台，打造了“民宿经济数字地图”，实时展示民宿分布、入住率、游客评价等信息，吸引投资超5亿元，带动周边农民人均年收入增长18%。此外，平台还接入了“乡村治理云平台”，通过“随手拍”功能实现村民参与环境整治、矛盾调解等事务，事件处理效率提升了60%以上。

浙江省德清县通过构建多源数据融合的数字化治理体系，为城乡融合发展提供了系统性解决方案。该模式以地理信息系统（GIS）为基础，整合土地、人口、农业等多维度数据，形成全域数字化治理框架。通过精准识别闲

置资源、优化土地配置，有效激活乡村资产，推动社会资本向现代农业与乡村旅游领域集聚。在产业协同层面，依托动态数据匹配模型，实现城乡供需精准对接，显著提升农民收入。治理维度通过建立智能响应机制，重塑基层治理流程，提升公共服务效能。这一实践表明，数字化路径需以数据要素为核心，通过技术赋能实现资源优化配置、产业跨界融合与治理模式创新，为破解城乡二元结构提供理论与实践参考。

（二）重庆荣昌生猪大数据中心

重庆市荣昌区以生猪产业为基础，构建了全国首个国家级生猪大数据中心。该中心通过物联网设备实时监测全区15万头生猪的养殖环境（温度、湿度、氨气浓度等）和生长数据，结合区块链技术实现全链条溯源。例如，在疫病防控方面，系统通过AI算法分析生猪健康数据，提前预警非洲猪瘟等疫情风险，使疫病发生率下降了45%。同时，大数据中心与重庆农畜产品交易所合作，开发“生猪期货价格指数”，为养殖户提供价格参考和风险管理工具。2022年，荣昌区生猪养殖户通过期货套期保值减少损失超2000万元，生猪产业综合产值突破300亿元。

重庆市荣昌区通过构建生猪产业数字化生态系统，为传统产业转型升级提供创新范式。该模式以物联网、区块链与人工智能技术为支撑，打通养殖、交易、金融等环节数据壁垒，形成全产业链数字化闭环。在生产端，通过环境监测与智能预警系统提升生物安全防控能力；在流通领域，依托数据驱动的价格指数与金融工具创新，增强市场风险抵御能力；在产业协同层面，通过数据要素的跨域流动，推动城乡资源双向互动与价值转化。实践表明，传统产业的数字化转型需通过“技术赋能—金融创新—产业链协同”的系统性重构，不仅提升产业竞争力，更以数据为纽带，促进城乡要素高效配置，为现代农业产业体系构建提供可推广经验。

（三）福建沙县“数字普惠金融+小吃产业”发展模式

福建省沙县通过数字普惠金融与小吃产业的深度融合，探索出城乡协同发展的创新路径。沙县小吃集团联合蚂蚁集团推出“沙县小吃数字金融服务平台”，为从业者提供“经营贷”“流水贷”等定制化产品。例如，小吃店主通过平台上传经营流水数据，即可获得最高30万元信用贷款，利率低于市场平均水平1.5个百分点。2022年，该平台累计发放贷款超15亿元，惠及小吃从业者2.3万户。同时，沙县利用大数据分析消费者偏好，指导小吃产品创新，推出“板栗炖鸡”“养生汤品”等特色菜品，推动小吃门店平均营收增长22%。此外，沙县还建立“小吃产业大脑”，整合供应链、物流、培训等资源，实现小吃产业年产值超500亿元，带动10万农民就业增收。

福建省沙县通过数字普惠金融与特色产业的深度融合，探索出城乡要素双向流动的创新机制。该模式以“数字金融赋能+数据驱动创新+产业生态重构”为核心路径，构建“金融活水浇灌产业、数据要素激活市场、城乡资源联动发展”的新型生态。在金融赋能层面，通过定制化数字信贷产品降低融资门槛，以经营数据为信用背书破解小微企业融资痛点；在产业升级维度，依托消费大数据指导产品研发与精准营销，推动传统小吃向标准化、品牌化转型；在生态构建方面，通过“产业大脑”整合供应链、物流、培训等资源，形成覆盖城乡的产业服务网络。数字技术与地方特色产业的深度耦合，能够有效打通城乡资本、技术与市场的流通通道，为县域经济高质量发展提供“数字+产业+金融”的融合范式。

（四）江苏苏州“智慧农村”综合服务平台

江苏省苏州市构建了覆盖全市的“智慧农村”综合服务平台，整合农业物联网、农村电商、政务服务等六大模块。在农业生产方面，平台接入全市85%的现代农业园区，通过传感器实时监测土壤墒情、病虫害情况，为农户提供精准农事建议。例如，常熟市董浜镇通过平台预警，及时防控水稻虫害，减少损失超300万元。在农村电商领域，平台搭建“苏货通”农产品上行通道，2022年帮助农户销售滞销农产品1.2万吨，销售额突破2亿元。此外，平台还推出“政务+金融”服务，农民通过终端机可一站式办理社保、医保、小额信贷等业务，服务效率提升了70%。

江苏省苏州市通过构建“智慧农村”综合服务平台，打造城乡融合发展数字化治理新范式。该模式以系统集成思维整合农业物联网、农村电商、政务服务等六大功能模块，形成覆盖生产、流通、治理的全链条数字化生态。在农业生产端，通过物联网设备实时监测与智能预警系统，实现病虫害精准防控与资源优化配置；在流通领域，依托“苏货通”电商平台搭建农产品上行通道，破解供需信息不对称难题；在公共服务层面，通过“政务+金融”一体化终端实现社保、信贷等高频事项的村级办理，推动城乡公共服务均等化。城乡数字化融合需以平台化思维打破部门壁垒，通过技术赋能实现生产智能化、流通网络化、治理便捷化，为破解城乡要素流动障碍提供“资源整合—服务下沉—效率提升”的系统性解决方案。

（五）四川大邑“数字农旅融合”发展模式

四川省成都市大邑县依托安仁古镇等文旅资源，探索“数字农旅”融合发展路径。当地通过建设“农旅一张图”数字平台，整合农田、果园、民宿等资源，开发“认养农业”“云上农庄”等创新业态。例如，游客可通过平台认养一亩稻田或一棵果树，实时查看生长情况并参与线上互动，带动农产品溢价30%以上。同时，大邑县利用VR/AR技术打造“数字博物馆”，展示川西农耕文化，年吸引游客超50万人次。在数字治理方面，平台接入“雪亮工程”监控系统，实现农旅区域安全事件实时预警，游客满意度提升至95%。

四川省成都市大邑县通过“数字农旅融合”发展模式，构建城乡资源价值转化创新机制。该模式以数字技术为纽带，整合农田、文旅、民宿等多元资源，打造“认养农业”“云上农庄”等新型业态，通过虚拟交互技术重构城乡消费场景，推动农产品价值提升与农耕文化活化。在文化传承层面，利用VR/AR技术构建沉浸式体验场景，将川西农耕文化转化为可交互、可传播的数字内容，增加文旅产业附加值。治理维度通过数字平台实现安全预警与服务优化，形成“资源数字化—业态创新化—治理智慧化”的递进式发展路径。数字技术能够有效贯通城乡要素市场，通过场景创新与文化赋能，推动农业功能向体验经济延伸，为城乡产业协同发展提供“数字+文旅+治理”的融合范式。

三、经验启示

通过对国内外一系列数字化赋能城乡融合典型案例的深入分析，不仅在数字化推动城乡融合发展的路径构建上获得重要启示，同时深化了对数字化助力城乡融合这一概念的理解与阐释。

（一）数据整合与共享是数字化赋能城乡融合的前提

国内外成功经验均表明，数据作为新型生产要素，在打破城乡信息壁垒、优化资源配置中发挥着核心作用。例如，美国通过构建农业数据库，整合全球农业知识资源，为农户提供精准的决策支持；中国浙江省德清县则通过“数字乡村一张图”平台，整合地理信息、人口数据、农业资源等多源数据，实现乡村治理的精细化与智能化。这些实践启示我们，推动城乡数字化融合，需优先构建统一的数据平台，建立跨部门、跨领域的数据共享机制，打破“数据孤岛”，确保数据在城乡间的自由流动与高效利用。同时，需加强数据标准制定与安全管理，保障数据质量与隐私保护。

（二）技术创新与场景适配是关键

技术创新是数字化赋能城乡融合的驱动力，而场景适配则是确保技术落地的关键。在国外案例中，美国的精准农业技术通过卫星遥感与智能农机实现农田精细化管理，日本的农业机器人则针对老龄化问题推动无人农场发展。国内方面，内蒙古“草原云牧”平台利用北斗定位与物联网技术，实现对牧区牲畜的远程监控与健康管理，福建沙县则通过数字金融平台解决小吃从业者的融资难题。这些实践表明，数字化技术需与地域特色、产业需求深度结合，避免“为技术而技术”的盲目应用。需加强技术研发与场景需求的对接，推动定制化解决方案的开发，确保技术真正服务于城乡融合发展的实际需求。

（三）产业融合与价值链延伸是数字化赋能城乡融合的重要方向

数字化推动了城乡产业从单一生产向全链条增值的转变。国外如荷兰的智能温室通过物联网技术实现全年无休生产，并与冷链物流、电商平台深度融合，形成“生产—加工—销售”一体化模式。国内江苏省苏州市的“智慧农村”平台则整合农业物联网、农村电商与政务服务，推动农产品从田间到餐桌的全链条数字化升级。这些实践启示我们，需注重数字化对农业产业链的延伸与重构，推动农业与二、三产业的深度融合，形成“农业+”新业态，如智慧农业、农村电商、乡村旅游等，提升城乡产业附加值与竞争力。

（四）数字普惠金融在促进城乡经济均衡发展中的作用不可忽视

数字普惠金融通过降低金融服务门槛，为农村居民提供便捷、高效的金融服务，成为缩小城乡收入差距、促进经济均衡发展的重要工具。国外如肯尼亚的M-Pesa移动支付系统，通过手机实现小额信贷与转账服务，惠及偏远地区居民。国内福建省沙县则通过数字金融平台，为小吃从业者提供低息贷款与信用支持，推动小吃产业规模化发展。这些实践表明，需加强数字金融基础设施建设，创新金融产品与服务模式，满足农村多元化金融需求，同时注重金融教育与风险防控，提升农村居民的金融素养与风险防范能力。

（五）多元主体协同治理是保障数字化赋能城乡融合持续发展的关键

数字化赋能城乡融合涉及政府、企业、社会组织、农户等多元主体，需形成协同合作机制。国外如德国“数字乡村倡议”整合科研机构、企业与农户资源，共同推动乡村数字化创新。国内浙江省德清县则通过“乡村治理云平台”，引导村民参与公共事务，形成政府引导、社会协同、公众参与的治理格局。这些实践启示我们，需明确各主体在数字化进程中的角色与责任，建立有效的协调机制与利益分配机制，激发各方积极性与创造力。政府应发挥政策引导与监管作用，企业提供技术与资金支持，社会组织促进交流与合作，农户则积极参与并反馈需求，共同推动数字化赋能城乡融合的可持续发展。

（六）注重文化赋能与城乡认同是数字化赋能城乡融合的深层价值体现

数字化不仅应关注经济发展与社会治理，还应注重文化传承与城乡认同的构建。四川大邑县利用VR/AR技术打造“数字博物馆”，展示川西农耕文化，增强游客与村民的文化认同感。这些实践表明，需将文化元素融入数字化进程，通过数字技术传承与弘扬乡村文化，促进城乡文化交融与共同繁荣。同时，注重提升城乡居民的数字素养与文化自信，增强其对城乡融合发展的认同感与归属感，形成推动城乡融合发展的内在动力。

四、本章小结

数字化赋能城乡融合需立足数据整合与共享、技术创新与场景适配、产业融合与价值链延伸、数字普惠金融、多元主体协同治理以及文化赋能与城乡认同等核心要素，形成“技术—产业—金融—治理—文化”五位一体的协同发展模式。通过构建统一的数据平台、推动技术创新与场景适配、延伸产业价值链、发展数字普惠金融、加强多元主体协同治理以及注重文化赋能与城乡认同，推动城乡经济社会的全面协调可持续发展，实现城乡共同繁荣与人民共同富裕的目标。

第七章　数字化赋能内蒙古城乡融合发展的对策建议

一、因地制宜发挥地方禀赋优势，实施数字化联动发展战略

内蒙古自治区地域辽阔，资源禀赋多样，各盟市经济发展水平和产业基础各异。呼和浩特市、包头市等中心城市数字基础较好，而阿拉善盟、锡林郭勒盟等地区则面临数字基础薄弱的挑战。因此，各盟市必须立足本地实际，科学制定数字化发展战略，避免“一刀切”和盲目模仿。数字基础设施是城乡融合发展的关键支撑。各盟市应根据地理条件和人口分布特点，推进5G网络、千兆光网、窄带物联网等新型基础设施向农牧区延伸。对于人口密集的农区，可优先构建高速光纤网络；对于人口分散的牧区，则可采用卫星互联网、无线网络等灵活解决方案。如兴安盟可重点打造“数字兴安云”平台，整合农业生产数据与市场信息；锡林郭勒盟则可围绕畜牧业监测系统建设物联网基础设施，实现对草场、牲畜的智能化管理。通过数字基础设施的精准部署，实现城乡网络全覆盖、全天候、高质量连接，消除“数字鸿

沟”。

特色产业数字化转型是提升区域竞争力的重要途径。农业大市如通辽市、巴彦淖尔市可围绕玉米、小麦等粮食作物构建全产业链数字平台，推动从种植到销售的全过程数字化管理。畜牧业发达的锡林郭勒盟、呼伦贝尔市可发展智慧牧场，利用物联网、大数据等技术提升牧业现代化水平。文旅资源丰富的阿拉善盟、鄂尔多斯市则可打造数字文旅平台，通过虚拟现实技术展示沙漠风光、蒙古族文化，吸引更多游客。各盟市还应因地制宜发展电子商务，鼓励“互联网+”新业态，如“绿色蒙品”“草原特产”等线上品牌建设，拓宽农牧产品销售渠道。区域协同是提升整体竞争力的关键。内蒙古应建立跨盟市的数字经济协同发展机制，推动数据要素自由流动与共享。如呼包鄂乌城市群可共建工业互联网平台，促进制造业数字化转型。呼伦贝尔市、兴安盟、通辽市等东部盟市可共建农牧业大数据中心，实现农牧业信息互通。同时，各盟市还应加强与京津冀、东北、西北等周边区域的数字经济合作，共建数据中心、算力平台等数字基础设施，形成互利共赢的区域合作格局。

数字红利共享机制也亟须创新。各盟市应建立数字经济发展成果共享机制，让农牧民真正从数字化进程中受益。如建设智慧服务大厅，把教育、医疗、社保等公共服务送到农牧区；发展数字普惠金融，解决农牧民融资难题；推广“互联网+政务”，让农牧民足不出户就能办理行政审批事项。同时，应推动数字技术与乡村治理相结合，构建“数字乡村大脑”，提升农牧区治理效能，促进城乡公共服务均等化，真正实现城乡共同繁荣。

二、提高数字创新能力，形成城乡融合发展的新动能

数字创新是推动城乡融合发展的核心驱动力。内蒙古自治区应建立多层次、全方位的数字创新体系，提升区域整体创新能力。

各盟市需打造数字技术创新平台，如呼和浩特市可依托内蒙古大学、内蒙古农业大学等高校资源，建设农业人工智能实验室、草原生态监测大数据中心等平台；包头市可结合稀土资源优势，建设智能制造创新中心；鄂尔多斯市可围绕能源产业，构建能源互联网技术创新平台。这些平台将成为区域数字技术突破的重要基地。

在智慧农牧业领域，内蒙古应重点推动数字技术与传统农牧业深度融合。如发展精准种植系统，利用卫星遥感、无人机航拍等技术监测作物生长状况，结合土壤墒情传感器数据，实现精准灌溉、施肥、施药；建设智慧牧场，通过牲畜电子耳标、智能饲喂系统、草场监测网络等，实现牲畜全生命周期管理与草场可持续利用；推广农机作业监测系统，利用北斗导航技术实现农机自动驾驶与精准作业，提高生产效率。对于特色农产品，还可建立全程可追溯系统，从种植养殖到加工销售形成完整数据链，提升产品附加值与市场竞争力。

城乡公共服务数字化是缩小城乡差距的重要手段。内蒙古各盟市应推动“互联网+教育”，建设优质教育资源共享平台，让农牧区的学生享受到城市的优质教育资源；构建智慧养老服务网络，为农牧区留守老人提供健康监测、紧急救援等服务；建设数字文化平台，推动城市文化资源向农牧区延伸，丰富农牧民精神文化生活。

数字人才培养是提升数字创新能力的关键。内蒙古各盟市应建立多层

次的数字人才培养体系。一方面，加强与高校合作，培养高层次数字技术人才；另一方面，广泛开展数字技能培训，提升农牧民数字素养。如可在嘎查村建立数字学习中心，开展手机应用、电商技能、智能设备使用等培训；组织“数字能人”下乡活动，由城市的数字人才到农牧区开展技术指导；建立“互联网+”创业孵化基地，扶持农牧民利用数字技术创业。同时，制定优惠政策吸引数字人才到农牧区创业就业，如提供创业补贴，解决子女教育、配偶就业等问题，形成数字人才向农牧区流动的良好局面。

各盟市还应建立数字创新激励机制，鼓励企业、农牧民参与数字创新。设立数字农牧业创新基金，支持数字农业创新项目；开展数字农牧业创新大赛，评选推广优秀应用案例；建立知识产权保护与转化机制，激发全社会的创新活力。通过多种措施提升数字创新能力，为城乡融合发展提供强大动力。

三、培育壮大数字经济龙头企业，打造特色开放数字产业集群

数字经济龙头企业是推动区域数字经济发展的核心引擎，也是实现城乡融合发展的关键力量。内蒙古各盟市应根据自身产业特点，有针对性地培育壮大一批本土数字经济龙头企业。呼和浩特市可重点培育大数据分析、云计算服务企业；包头市可发展工业互联网平台企业；鄂尔多斯市可培育能源互联网企业；呼伦贝尔市、通辽市等农牧业盟市则可重点培育智慧农牧业企业。通过政策引导、资金支持、人才引进等多种手段，促进这些企业做大做强。

龙头企业规模化发展需要整合产业链资源。内蒙古应鼓励龙头企业通过兼并重组、战略合作等方式，整合区域内外的优质资源，提升产业链控制

能力。如乳业龙头企业可通过收购、入股等方式整合奶源基地、物流服务、终端销售等环节，形成从奶源到市场的完整产业链；能源企业可整合煤炭开采、发电、输配电网络等资源，打造综合能源服务平台；农牧业企业可整合种植、养殖、加工、销售等环节，构建全产业链数字化管理平台。通过产业链整合，提升龙头企业的规模效应与市场竞争力。

龙头企业与中小微企业、农村合作社的协同发展对促进城乡融合至关重要。内蒙古应建立龙头企业与中小微企业、农村合作社的利益联结机制，如订单农业、股份合作、利润分成等模式，让农牧民真正分享产业发展红利。龙头企业可为中小企业、合作社提供技术支持、管理指导、市场对接等服务，带动其共同发展；中小企业、合作社则为龙头企业提供原料供应、特色产品等支撑，形成互利共赢的产业生态。如伊利、蒙牛等乳业龙头企业可与牧民合作社建立稳定的奶源供应关系，通过“公司+合作社+牧户”模式，推动奶牛养殖标准化、数字化，提升原料奶质量。

打造特色鲜明的数字产业集群是提升区域竞争力的重要途径。内蒙古各盟市应根据资源禀赋和产业基础，打造具有区域特色的数字产业集群。如呼和浩特市可打造数据中心和软件服务产业集群；包头市可发展智能制造产业集群；乌兰察布市可依托大数据中心优势，发展数据处理与人工智能产业集群；通辽市、巴彦淖尔市可发展智慧农业产业集群；呼伦贝尔市、锡林郭勒盟可打造智慧牧业产业集群；鄂尔多斯市、阿拉善盟可发展数字文旅产业集群。这些特色产业集群将成为区域经济增长的新引擎。

构建高效的城乡物流体系是实现城乡产业融合的关键环节。内蒙古应推动数字技术与物流业深度融合，打造智慧物流网络。建设区域性智慧物流中心，配备自动分拣设备、冷链仓储设施等；完善农村物流配送网络，推广“统仓统配”“共同配送”等模式；发展冷链物流，保障农产品新鲜度；建设物流公共信息平台，实现车辆、货物、仓储等信息共享，提高物流效率。通过智慧物流网络的建设，有效降低农产品进城和工业品下乡的物流成本，促进城乡产品双向流通。

四、促进产业融合与价值链延伸，构建城乡一体化产业链

数字化为城乡产业融合提供了新路径。内蒙古各盟市应充分利用数字技术，推动一、二、三产业深度融合，拓展产业链条，提升价值创造能力。特别是要围绕农牧业主导产业，延伸产业链，提高农牧产品附加值，促进农牧民增收。全产业链数字化转型是提升产业竞争力的关键。内蒙古应从农牧产品生产、加工、流通到销售全环节推进数字化改造。在生产环节，推广物联网、人工智能等技术，实现精准种植、智能养殖；在加工环节，推进智能制造，提高加工效率与产品质量；在流通环节，发展智慧物流，降低流通成本；在销售环节，拓展电子商务、直播带货等新渠道，扩大市场覆盖面。如呼伦贝尔市可围绕牛羊肉产业，建设从草场监测、牲畜养殖到屠宰加工、冷链物流、品牌营销的全产业链数字化管理平台；通辽市可围绕玉米产业，打造从种植、收储、深加工到销售的数字化管理系统；巴彦淖尔市可围绕河套灌区特色农产品，建设全产业链追溯系统，提高产品附加值，增强市场竞争力。

“农业+”新业态培育是拓展农村产业空间的重要途径。内蒙古应积极发展“农业+旅游”“农业+文化”“农业+健康”等新业态，拓展农业多种功能。如利用数字技术打造智慧乡村旅游平台，整合农家乐、民宿、特色体验等资源，提供线上预订、导航导览、智能讲解等服务；发展数字文创产业，开发农牧文化主题的数字产品，如蒙古族传统文化虚拟体验、草原音乐

数字版权运营等；探索“互联网+健康养老”模式，发展乡村健康产业。这些新业态将有效拓展农村产业空间，创造更多就业机会和增收渠道。

城乡要素双向流动是实现产业融合的关键。内蒙古应加快破除城乡要素流动壁垒，促进资金、技术、人才等要素向农村流动。建立农村产权交易平台，盘活农村闲置资源；完善农村金融服务体系，增加农村信贷投放；建立城乡人才交流机制，鼓励高素质人才到农村创业就业；推动数据要素在城乡间自由流动，实现农村数据资源价值化。同时，推动农村优质特色产品、生态服务、文化价值等向城市流动，形成城乡要素双向流动、优势互补的良好格局。构建区域协同发展机制是提升整体竞争力的关键。内蒙古应加强区域产业协同，避免低水平重复建设与恶性竞争。东部农牧业盟市可建立区域农产品加工与营销协作机制，共同打造区域公共品牌，提升市场竞争力；西部盟市可共建文旅产业带，推动资源共享、客源互送。通过区域协同，形成产业发展合力，提升内蒙古的整体竞争力。

五、加强数字普惠金融支持，优化城乡资源配置

数字普惠金融是破解农村融资难、融资贵问题的有效途径。内蒙古自治区地域辽阔，农牧区分散，传统金融服务难以有效覆盖，数字金融的发展为农牧区提供了普惠金融服务的新可能。各盟市应因地制宜推进数字金融基础设施建设，构建覆盖城乡的数字金融服务网络。农村支付环境的改善是数字普惠金融的基础。内蒙古各盟市应加快农村数字支付终端布局，对偏远地区可采用卫星通信等技术解决网络覆盖问题，确保支付服务全覆盖。鼓励银行、支付机构下沉服务重心，在乡镇设立普惠金融服务点，配备智能柜员机、多功能自助终端等设备；培养农村金融服务辅导员，为农牧民提供数字

金融应用指导；推广移动支付、二维码支付等便捷支付方式，让农牧民享受到与城市居民同等便利的支付服务。如乌兰察布市可依托电商快递下乡体系，在村级服务站增设支付服务功能；锡林郭勒盟可结合牧区实际，推广离线支付技术，解决网络不稳定地区的支付问题。

信用体系建设是普惠金融的重要支撑。内蒙古应加快推进农村信用体系建设，建立覆盖农牧民的信用信息数据库。整合农牧民生产经营、信贷历史、电商交易、公共事业缴费等多维度数据，构建农牧民的信用画像；建立差异化信用评价模型，科学评估农牧民的信用状况；推广信用村、信用户创建活动，培育农村诚信文化。通过完善的信用体系，为农牧民提供精准金融服务，实现“信用即财富”，破解农村融资难题。

数字普惠金融产品创新是满足多元化需求的关键。内蒙古各金融机构应根据农牧业生产特点，创新适合农牧民的数字金融产品。如发展“订单融资”，农牧民可凭借与龙头企业的订单获得贷款；推广“活体抵押”，牧民可通过牲畜电子耳标系统实现牲畜活体抵押贷款；发展“仓单质押”，农民可通过粮食仓储监管系统实现粮食在库质押融资。

供应链金融是支持农业产业化发展的重要工具。内蒙古应推动数字技术与供应链金融深度融合，构建农业产业链金融服务体系。鼓励金融机构与农业龙头企业合作，依托产业链核心企业信用，为产业链上下游中小企业、合作社、农户提供融资服务；利用区块链技术构建农产品供应链金融平台，实现交易信息透明化、可追溯，降低融资风险；推广“银行+保险+期货”模式，为农牧业提供全方位风险管理服务。如乳业龙头企业可与银行合作，为奶农提供奶牛购买贷款、饲料采购贷款等服务，推动奶业产业链协同发展。金融教育与风险防控是数字普惠金融健康发展的保障。

内蒙古各盟市应加强农村金融知识的普及，提高农牧民金融素养。开展形式多样的金融知识宣传活动，如“金融知识下乡”“金融夜校”等；编写通俗易懂的金融知识读本；利用广播、电视、网络等媒体开展金融知识宣传活动。同时，加强农村金融风险监测与防控，建立农村金融风险预警机制；严厉打击非法集资、电信诈骗等违法活动；加强农村支付安全管理，保障农牧民资金安全。通过加强教育与风险防控，引导农牧民理性使用金融服务，促进数字普惠金融健康发展。

六、健全多元主体协同治理机制，提升城乡融合治理效能

城乡融合发展需要政府、企业、社会组织、农牧民等多元主体共同参与、协同治理。内蒙古自治区各盟市应构建开放、包容、协作的多元协同治理体系，充分激发各类主体的积极性，形成推动城乡融合发展的合力。政府作为城乡融合发展的引导者与推动者，应转变职能，创新管理方式。各级政府应制定科学的城乡融合发展规划，明确发展方向与目标；完善相关法律法规与政策体系，为城乡融合发展提供制度保障；加大财政投入，支持数字基础设施建设与公共服务均等化；创新行政审批制度，简化涉农业务办理流程；建立健全考核评价机制，将城乡融合发展成效纳入干部考核体系。

政府应充分发挥市场在资源配置中的决定性作用，避免过度干预，为企业、社会组织等提供公平竞争的环境。企业是推动城乡融合发展的重要力量。内蒙古应鼓励企业积极参与数字乡村建设，发挥技术与资金优势。支持互联网企业、通信企业参与农村信息基础设施建设；引导电商平台企业开展农产品上行与工业品下行服务；鼓励科技企业开发适合农村特点的数字应用；支持金融机构创新农村金融产品与服务模式；引导文化企业开发农村数字文化产品，丰富农牧民精神文化生活。

建立企业参与乡村振兴的激励机制，如税收优惠、政府采购倾斜、专项资金支持等，调动企业积极性。社会组织是连接政府、企业与农牧民的重要桥梁。内蒙古应培育发展各类涉农社会组织，发挥其在技术推广、培训指导、权益保护等方面的作用。支持农民专业合作社、农村集体经济组织等开展数字技术应用；鼓励行业协会参与农村产业标准制定与推广；引导公益组织开展农村数字素养提升行动；支持农村社区发展互助养老、邻里互助等自治活动。这些社会组织将成为推动农村社会治理创新的重要力量。

农牧民是城乡融合发展的主体与受益者。内蒙古应构建农牧民有效参与机制，保障其知情权、参与权、表达权和监督权。完善村民自治制度，搭建“数字村务公开”平台，提高村级事务透明度；建立农牧民诉求表达机制，如“互联网+信访”、网上议事厅等；探索“参与式预算”模式，让农牧民参与公共资金使用决策；建立农牧民监督评价机制，对乡村振兴项目实施全程监督。

通过多种途径提高农牧民参与度，激发内生发展动力。数字技术为多元主体协同治理提供新手段。内蒙古各盟市应建设一体化的数字政务平台，推动政务服务由“群众跑腿”转变为“数据跑腿”。整合各部门信息系统，打破“数据孤岛”，实现数据共享与业务协同；推进“互联网+政务服务”向乡村延伸，建设“数字乡村政务大厅”，让农牧民就近享受便利服务；建设网格化综合管理平台，整合公安、民政、卫生等资源，实现多部门联动处置；发展“互联网+监督”，建立覆盖扶贫、涉农资金等重点领域的监督平台，提高监督效能。

通过数字化手段，提升政府治理能力与服务水平。利益共享是多元协同治理的核心。内蒙古应构建城乡融合发展中的利益共享机制，让各方共享发展成果。探索农村集体经济股份合作模式，让农民共享产业发展红利；推广

“订单农业+利润分成”模式，让农民分享加工、销售环节增值收益；发展“互联网+农业”“互联网+乡村旅游”等新业态，拓宽农民增收渠道；创新土地经营权入股、资产收益保底分红等模式，增加农民财产性收入。通过多种利益联结机制，调动各方参与城乡融合发展的积极性，形成可持续发展的长效机制。

七、发挥文化赋能作用，增强城乡认同感

文化是城乡融合发展的精神纽带与内生动力。内蒙古自治区拥有丰富多彩的民族文化资源，各盟市应充分利用数字技术，推动传统文化创造性转化、创新性发展，增强城乡居民的文化的认同感与归属感，为城乡融合发展提供强大精神动力。数字技术为传统文化保护与传承提供新手段。内蒙古应推动民族文化资源数字化保存，建设文化数字博物馆、数字档案馆等，系统地收集、整理、保存民间艺术、传统技艺等文化资源。如开展口头传统文学数字化采集工程，对长调民歌等进行录音录像；建立非物质文化遗产数字化保护平台，对传统手工艺、民俗活动等进行全方位记录；利用三维扫描技术对古建筑、文物进行数字化复原，在虚拟空间实现“原貌再现”。数字文化传播平台建设是扩大文化影响力的关键。内蒙古应借助互联网平台，推动优秀传统文化与现代传播手段相结合。开发数字文化云平台，整合图书馆、文化馆、博物馆等文化资源，实现“一网汇聚、一屏呈现”，打造一个全方位、多层次的文化传播网络。通过数字文化云平台，可以实现跨地域、跨时空的文化交流，进一步打破传统文化传播的空间限制，为城乡居民提供便捷的文化享受与教育机会。同时，平台可通过人工智能、大数据分析等技术，对文化资源进行智能推荐和精准推送，满足不同群体、不同地区的文化需

求，提升文化消费的多样性和个性化水平。传统文化与现代创意产业的深度融合是重点。政府可以通过设立创新基金、举办文化创意设计大赛、支持创意孵化平台等方式，推动传统民族文化在现代设计和产业化中的创新应用。例如，可以通过数字化技术将民族音乐、舞蹈、服饰等元素转化为数字文创产品，开发文化衍生品、动漫、影视作品等，提升文化产业的市场竞争力。此外，应加强数字文化创意企业与文化机构的合作，促进产业链的完善与创新。

参考文献

[1]牟天琦，刁璐，霍鹏．数字经济与城乡包容性增长：基于数字技能视角[J]．金融评论，2021，13（4）：36-57.

[2] 宋晓玲．数字普惠金融缩小城乡收入差距的实证检验[J]．财经科学，2017（6）：14–25.

[3] 陈文，吴赢．数字经济发展、数字鸿沟与城乡居民收入差距[J]．南方经济，2021（11）：1–17.

[4] 李晓钟，李俊雨．数字经济发展对城乡收入差距的影响研究[J]．农业技术经济，2022（2）：7–93.

[5] 樊轶侠．数字经济下的城乡融合发展财政政策取向研究[J]．人民论坛·学术前沿，2021（02），52–58.

[6] 谢璐，韩文龙．数字技术和数字经济助力城乡融合发展的理论逻辑与实现路径[J]．农业经济问题，2022（02）.

[7] TACOLI C．The links between urban and rural development[J]．Environment& Urbanization，2003，15（1）：3–12.

[8] 曾雯，张小林，李智．乡村振兴视角下县域尺度城乡融合发展评价研究[J]．池州学院学报，2018，32（3）：1–5.

[9] 高波，孔令池．中国城乡融合发展的经济增长效应分析[J]．农业技术经济， 2019， 37（8）：4–16.

[10] 车冰清，陆玉麒，王毅．江苏省城乡空间融合的形态演化研究[J]．长江流域资源与环境， 2017， 26（7）：1022–1031.

[11] 马志飞，宋伟轩，王捷凯等．长三角地区城乡融合发展水平、演化及影响因素[J]．自然资源学报，2022，37（6）：1467–1480.

[12] 谢守红，周芳冰，吴天灵，等．长江三角洲城乡融合发展评价与空间格局演化[J]．城市发展研究，2020，27（3）：28–32.

[13] 高帆．数字经济如何影响了城乡结构转化？[J]．天津社会科学，2021（5）:131–140.

[14] 郝智娟， 文琦， 施琳娜， 吴昕燕， 丁金梅．丝绸之路经济带中国段城乡融合发展的时空演变特征与优化路径[J]．干旱区资源与环境， 2025，39（02）: 117–130.

[15] 张嘉实．数字经济赋能城乡融合发展研究[D]．吉林大学，2023.

[16] 刘军，杨渊鋆，张三峰．中国数字经济测度与驱动因素研究[J]．上海经济研究，2020（06）：81–96.

[17] 曾鹏，曾怒娇．中国城乡融合时序演变过程与空间分异机理[J]．人文地理，2025，40（01）：101 ~ 112+153.

[18] 孙志远．数字新质生产力对城乡高质量融合的影响与机制[J]．中国流通经济，2024，38（05）：28–40.

[19] 熊玲．中国式现代化进程下城乡融合发展——评价体系与动态测度[J]．经济问题，2024（03）：98–105.

[20] 曾雯．江苏省县域城乡融合发展评价与策略研究[D]．南京师范大学，2019.

后 记

在数字化浪潮与城乡融合发展战略交织的时代背景下，本书以内蒙古为例，对数字化赋能城乡融合发展的相关理论和实践问题进行了初步探索。在数字化赋能城乡融合发展相关理论的基础上，本书重点研究了内蒙古城乡融合发展与数字化发展在时空维度上的演变趋势与空间特征，实证探究了数字化助推城乡融合发展的作用路径与影响效应，提炼总结了国内外典型案例经验。在此基础上，笔者从实施数字化联动发展战略、提高数字技术创新能力、培育壮大数字经济龙头企业、促进产业融合与价值链延伸、加强数字普惠金融支持、发挥文化数字化赋能作用等方面提出了数字化赋能内蒙古城乡融合发展的对策建议。

在此，诚挚地感谢郭启光、王剑、柴智慧、陈满意等人在研究过程中给予的指导与帮助。同时，本书的写作参考了学术界已有研究成果，并尽量将相关内容以参考文献的形式予以标注，如有遗漏，还请相关学术研究人员给予谅解和指正。

本书得到了内蒙古自治区社会科学院的大力支持，并受到2025年度院重点课题“数字化赋能内蒙古城乡融合发展研究”（项目编号：ZD202509）的资助。

研究之路永无止境。随着数字技术飞速迭代和城乡发展的动态变化，数字化赋能城乡融合发展仍有诸多问题有待深入探究。由于时间和笔者水平有限，本书难免存在不足和疏漏之处，敬请读者批评、指正。

王薇

2025年6月于呼和浩特